NACIONAL X GLOBAL
UNIÃO EUROPÉIA E MERCOSUL

Liszt Vieira

Mestre pela Universidade de Paris e Doutor em Sociologia pelo IUPERJ. É professor do Departamento de Direito da PUC-Rio e autor de "Cidadania e Globalização", "Os Argonautas da Cidadania - A Sociedade Civil na Globalização" e "A Busca - Memórias da Resistência."

Cintia Reschke de Borba

Formada em Direito pela PUC-Rio.
Mestranda em Direito pela Universidade de Harvard.
Pesquisadora na área de Direito e relações internacionais.

NACIONAL X GLOBAL
UNIÃO EUROPÉIA E MERCOSUL

RENOVAR
Rio • São Paulo • Recife • Curitiba
2010

Todos os direitos reservados à
LIVRARIA E EDITORA RENOVAR LTDA.
MATRIZ: Rua da Assembléia, 10/2.421 - Centro - RJ
CEP: 20011-901 - Tel.: (21) 2531-2205 - Fax: (21) 2531-2135
FILIAL RJ: Tels.: (21) 2589-1863 / 2580-8596 - Fax: (21) 2589-1962
FILIAL SP: Tel.: (11) 3104-9951 - Fax: (11) 3105-0359
FILIAL PE: Tel.: (81) 3223-4988 - Fax: (81) 3223-1176

LIVRARIA CENTRO (RJ): Tels.: (21) 2531-1316 / 2531-1338 - Fax: (21) 2531-1873
LIVRARIA IPANEMA (RJ): Tel: (21) 2287-4080 - Fax: (21) 2287-4888

www.editorarenovar.com.br renovar@editorarenovar.com.br
SAC: 0800-221863
© 2010 by Livraria Editora Renovar Ltda.

0466

Conselho Editorial:

Arnaldo Lopes Süssekind — Presidente
Caio Tácito (in memoriam)
Carlos Alberto Menezes Direito (in memoriam)
Celso de Albuquerque Mello (in memoriam)
Luiz Emygdio F. da Rosa Jr.
Nadia de Araujo
Ricardo Lobo Torres
Ricardo Pereira Lira

Revisão Gráfica: dos autores

Capa: Sheila Neves

Editoração Eletrônica: TopTextos Edições Gráficas Ltda.

CIP-Brasil. Catalogação-na-fonte
Sindicato Nacional dos Editores de Livros, RJ.

N246	Vieira, Liszt e Borba, Cintia Reschke Nacional x global - união européia e mercosul / Liszt Vieira e Cintia Reschke Borba. — Rio de Janeiro: Renovar, 2010. 227p. ; 21cm. ISBN 978-85-7147-784-1 Inclui bibliografia. 1. Direito internacional — Brasil. I. Título.

CDD-346.81052

Proibida a reprodução (Lei 9.610/98)
Impresso no Brasil
Printed in Brazil

ÍNDICE GERAL

APRESENTAÇÃO IX

PREFÁCIO – FLORIAN HOFFMANN XI

PARTE I – ESTADO NACIONAL 1

1. BREVE RESENHA SOBRE A FORMAÇÃO DO
ESTADO NACIONAL 3
1.1 A Crise do Feudalismo 4
1.2 Transição Ideológica 5
1.3 Transição Econômica 12
1.4 Transição Política 13
1.5 Fundamentos do Estado Nacional 16

2. ESTADO-NAÇÃO: DESAFIOS E PERSPECTIVAS 21
2.1 Globalização e o Enfraquecimento do Estado 25
2.2 Os Sintomas de Declínio dos Estados Nacionais 30
2.3 Emergência da Sociedade Civil 34
2.4 Tendências e Impactos da Globalização 38
2.5 Uma Nova Ordem Global? 40
2.6 O Programa Institucional da Democracia Cosmopolita 44

2.7 Cidadania e Governança Global 46
2.8 A Crise de 2008: A Brecha 49

PARTE II – UNIÃO EUROPÉIA 53

1. INTRODUÇÃO HISTÓRICA 55
1.1 Por que na Europa? 55
1.2 A História Através dos Tratados 56

2. INSTITUIÇÕES E ÓRGÃOS DA UNIÃO EUROPÉIA 73
2.1 Instituições da UE 75
2.2 Parlamento Europeu 76
2.3 Conselho da União Européia 77
2.4 Comissão Européia 80
2.5 O Processo decisório na UE 81
2.6 Órgãos da UE 82

3. A QUESTÃO DA SOBERANIA NA UNIÃO EUROPÉIA 87
3.1 Teorias de Integração 88
3.2 Análise Prática das Teorias de Integração 95
3.3 Soberania dos Estados Membros *versus* 'Soberania' da
UE: Direito Nacional *versus* Direito Comunitário 98

4. DEMOCRACIA NA UNIÃO EUROPÉIA 109

5. FORMAÇÃO DA IDENTIDADE CULTURAL
EUROPÉIA 125
5.1 Breves Comentários Acerca da Concepção de
Identidade Cultural 127
5.2 Construção de uma Identidade Européia 128
5.3 Da Cidadania Européia 134
5.4 Perspectivas para a Cidadania Européia 138

6. QUADROS COMPLEMENTARES 143

QUADRO 1 – AS PRINCIPAIS DATAS DA
CONSTRUÇÃO EUROPÉIA 143

QUADRO 2 – COMO FUNCIONA A UE? 146

PARTE III – MERCOSUL 149

1. INTRODUÇÃO HISTÓRICA 151
1.1 ALALC 152
1.2 ALADI 154
1.3 MERCOSUL 156
1.4 Expansão do MERCOSUL 162

2. A ESTRUTURA INSTITUCIONAL DO MERCOSUL 167
2.1 Conselho do Mercado Comum (CMC) 169
2.2 Grupo Mercado Comum (GMC) 171
2.3 Comissão de Comércio do MERCOSUL (CCM) 173
2.4 Secretaria Administrativa 175
2.5 Parlamento do MERCOSUL (PM) 176
2.6 Foro Consultivo Econômico-Social 179

3. SOLUÇÃO DE CONTROVÉRSIAS 183
3.1 Fase Transitória - O Protocolo de Brasília 184
3.2 Fase Definitiva - O Protocolo de Ouro Preto 187
3.3 O Protocolo de Olivos de Solução de Controvérsias no
MERCOSUL 190
3.4 O Acordo de Arbitragem Comercial do MERCOSUL 192

4. SOBERANIA X SUPRANACIONALIDADE 197
4.1 Ausência de Supranacionalidade 197

4.2 Um Novo Conceito de Soberania 200
4.3 Rumos para o MERCOSUL 202

5. QUADROS COMPLEMENTARES 207

QUADRO 3 – AS PRINCIPAIS DATAS DA
CONSTRUÇÃO DO MERCOSUL 207

QUADRO 4 – COMO FUNCIONA O MERCOSUL? 211

À GUISA DE CONCLUSÃO 215

BIBLIOGRAFIA 221

APRESENTAÇÃO

O presente livro é fruto de uma pesquisa de dois anos desenvolvida na PUC-Rio no âmbito do Departamento de Direito. Trata-se, no caso do autor, de um desdobramento de dois livros anteriores — "Cidadania e Globalização" e "Os Argonautas da Cidadania — Sociedade Civil na Globalização". No caso da autora, de estudos preparatórios à sua futura dissertação de mestrado na área de Direito.

Norteou o presente trabalho a discussão do destino do Estado-nação e do novo papel do Estado no mundo globalizado do século XXI. Nos dois livros citados acima, demonstrou-se que a criação de instâncias supranacionais reforça a defesa dos direitos de cidadania, tradicionalmente garantidos pelos Estados nacionais, agora cada vez mais enfraquecidos com o processo de globalização. Um bom exemplo dessa dupla camada de direitos é a União Européia.

A primeira parte desta obra aborda, de forma didática e sucinta, o estudo do Estado nacional, desde sua formação histórica até os dilemas da atualidade. A segunda e terceira partes dedicam-se ao estudo de casos da União Européia e MERCOSUL, respectivamente.

O objetivo é atingir professores e estudantes de Direito, relações internacionais e ciências sociais, preocupados com as novas relações entre o Estado, o mercado e a sociedade civil no mundo contemporâneo, além daqueles que se prepararam para ingressar na carreira diplomática.

Queremos consignar nosso agradecimento às estudantes de Direito da PUC-Rio que, no quadro do programa PIBIC, participaram da pesquisa inicial que contribuiu para a elaboração deste livro, Vanessa Bluvol e Débora Castanheira Pires.

Gostaríamos, ainda, de registrar nosso agradecimento especial à professora Andrea Hoffman, do Instituto de Relações Internacionais da PUC-Rio, pela bibliografia indicada e pelas instigantes sugestões.

Finalmente, nosso agradecimento ao CNPq pela concessão de bolsas PIBIC às estudantes, supracitadas, que participaram da pesquisa.

Os autores

PREFÁCIO

Pouco menos de um ano antes do primeiro referendo irlandês sobre o Tratado de Lisboa, o então e atual presidente da Comissão, José Manuel Barroso, comparou o processo da criação da União à organização de um império: "temos as dimensões de um império, mas há uma diferença fundamental. Impérios eram comumente criados a força, com um centro impondo a sua vontade aos outros. O que nós, no entanto, temos é o primeiro império não-imperial." Pouco refletem estas palavras imodestas dos acontecimentos subsequentes, nos quais o povo de um destes "outros", a Irlanda, ousou rejeitar o Tratado em 2008, inserindo a UE em uma crise, da qual só saiu quando este mesmo povo deu uma reviravolta e aprovou o Tratado um ano depois. Da mesma forma, pode-se citar as tensões no MERCOSUL acerca da crise das papeleiras e do processo de adesão da Venezuela. Mostra-se nestes episódios toda a complexidade da relação entre o nacional e o global, isto é, entre aquele antigo artifício que junta a nação como conceito histórico-cultural ao Estado como forma de organização funcional, e as novas formas de governança, sejam imperiais ou não. A tensão produtiva entre estas duas configurações é o que move as atuais relações internacionais, o que, por sua vez, torna o presente livro um instrumento imprescindível para o analista e estudante da conjuntura atual. Como transparece ao longo das suas três partes, não se trata de um processo unidirecional, do Estado-nação para a governança global através de novos formatos institucionais, mas de uma contínua interação, na qual ambas as partes são permanentemente reconfiguradas. Neste (e somente neste) sentido, Barroso tem razão ao articular o carácter paradoxal da UE como "um império sem império", quer dizer, um proto-Estado sem nação, e nações cuja distinta soberania estatal vale cada vez menos frente aos desafios globais. Trata-se, no entanto, não apenas de uma nova configuração de fenômenos empíricos, mas também de uma transição no universo dos conceitos. Como comentou Hedley Bull, "uma razão pela vitalidade do sistema dos Estados é a tirania dos conceitos e princípios normativos associados a ele." Os autores desta preciosa visão panorâmica também refletem esta difícil procura por termos que expressem o novo sem excluir o antigo que continua nele presente. A escolha temática para as três partes do livro, notadamente o Estado nacional, a União-Européia e o MERCOSUL, são evidentes, mas significativos. Pois o Estado continua sendo o ponto de partida, sobretudo nos grandes países emergentes como o Brasil, nos quais a afirmação da soberania nacional para dentro e para fora ainda é um processo incompleto. Mas, cada vez mais, este mesmo Estado já não pode mais ser concebido sem referência às estruturas globais dentro das quais atua, seja por sua própria 'vontade', seja por falta de uma alternativa unilateral. A União Européia talvez represente, neste momento, a forma mais evoluída de uma tal configuração nova, e ela serve para exemplificar as lógicas que informam a forma institucional. Os capítulos da Parte II refletem estas lógicas, notadamente o arcabouço institucional, a difícil concepção de soberania associada a uma entidade

para-imperial como a União, a legitimação democrática —
ou a sua (parcial) falta —, e a sua ainda efêmera identidade
cultural e as suas implicações para o conceito da cidadania
(pan)européia. E, por fim, mas não por último, a experiência do MERCOSUL, a potencial contrapartida da UE no Cone Sul, que demonstra os desafios de se construir uma identidade conjunta em condições de assimetria social, transição política e desenvolvimento econômico. Aqui, ainda mais do que na Europa, a tensão entre o paradigma estatal e pós-estatal, e suas implicações para o conceito de soberania, influenciam este 'trabalho em progresso'. O que a presente contribuição mostra, contudo, é que o nacional e o global não têm uma relação de mútua negação, que, no fim de uma luta, deixaria somente um sobrevivente; ao invés, são os elementos essenciais de um processo dialético, que se inscreve na própria modernidade tardia. Neste sentido, não há uma contradição entre o Estado e as construções supra-estatais como a UE e o MERCOSUL, mas uma complementaridade dinâmica e uma mútua dependência. De fato, nem o Estado se dissolveu, apesar do seu papel diminuído, nem os projetos de integração regional fracassaram apesar das manipulações sofridas. Esta perduração convida a ser estudada, e este livro é um excelente primeiro passo para a melhor compreensão de uma das estruturas profundas que constituem a nossa realidade atual.

Florian Hoffmann
Professor da London School of Economics

# PARTE I
ESTADO NACIONAL

1. BREVE RESENHA SOBRE A FORMAÇÃO DO ESTADO NACIONAL

O Estado nacional constituiu uma nova forma de organização política que resultou de um longo processo de transformação do sistema feudal. Caracteriza-se por possuir um território delimitado, uma população constante, mesmo que não seja fixa, e um governo. Possui, ainda, um exército permanente e um corpo de representação diplomática. É hoje a forma predominante de organização dos Estados no mundo, ainda que, na prática, a globalização tenha provocado mudanças no seu papel. É essa influência sobre o Estado nacional e suas conseqüências que o presente trabalho visa esclarecer.

Primeiramente, faremos um apanhado histórico sobre o surgimento do Estado nacional.

Considera-se que a sua criação se deu em 1648, com a assinatura do Tratado de Westfália, logo após o fim da guerra dos 30 anos. Neste tratado, foram reconhecidas as fronteiras de alguns dos Estados europeus, dentro das quais, cada Estado seria soberano e detentor do monopólio legítimo da força.

Foi resultado de um processo que se estendeu por mais de 3 séculos. Várias transformações ocorreram no âmbito da política, economia e cultura que concorreram para a criação da organização centralizada, em Estados nacionais, em detrimento da organização descentralizada, como era nos feudos, em que havia a figura do rei, sendo, contudo, o poder de fato exercido pelos senhores em suas terras. Há várias vias para explicar o surgimento do Estado nacional. Os principais aspectos são a expansão marítima, que desloca o comércio do Mediterrâneo para o Atlântico, as descobertas científicas, a transição filosófica do teocentrismo para o antropocentrismo — "penso, logo existo" —, a reforma religiosa, a desintegração econômica do feudalismo, com o desenvolvimento do comércio e a formação dos burgos, bem como o surgimento da nova classe burguesa.

1.1 A Crise do Feudalismo

O norte da Europa era um lugar um tanto obscuro no século XV. Não se tinha certeza da forma nem do tamanho da Terra. Os continentes da África e da Ásia eram praticamente desconhecidos. A natureza era escura e misteriosa. Deus governava o universo que Ele tinha criado. O plano divino da vida era a redenção do homem pecador para o paraíso que Adão e Eva haviam perdido. O mundo material era um campo de provações.

Desde o ápice da Idade Média, cerca de dois séculos antes, a Europa passou por maus momentos. A Inglaterra e a França estiveram em guerra por 100 anos. Os nobres ingleses conspiraram e lutaram pela coroa. Os camponeses na Alemanha, França e Inglaterra tinham se insurgido contra seus senhores, exigindo melhores condições de vida e mais liberdade. Acima de tudo, navios voltando do oriente trouxeram ratos contaminados que causaram a Peste Negra, dizimando um terço da população da Europa. Com o aumento da população antes da peste, intensificou-se o uso das terras e elas foram ficando cada vez mais improdutivas. As pessoas ficavam sempre dependentes da boa vontade da natureza em mandar tempo bom, e as condições climáticas não estavam sendo muito propícias ao plantio; a Europa, por alguma razão, passou a ter invernos mais intensos por volta do século XIII. Milhares de pessoas morreram de fome e por causa das pestes.

O homem medieval era supersticioso. O medo estava em todo o lugar. As pessoas estavam aterrorizadas pelo Deus que havia inexplicavelmente permitido que tudo isso ocorresse. O fogo do inferno, ao invés do paraíso, é que incentivava uma vida correta. A virtude era medida e o treinamento humano era feito através da punição. As crianças apanhavam, servos e aprendizes eram chicoteados pelos seus senhores. Criminosos eram sujeitos a uma série de torturas. Assassinos eram fervidos vivos em caldeirões de óleo. Traidores eram enforcados, depois arrastados e esquartejados. Hereges eram queimados na fogueira.

No entanto, uma série de fatores desencadeou um processo de profunda modificação na mentalidade deste homem medieval.

1.2 Transição Ideológica

Humanismo e Renascimento

O Renascimento, que foi marcado pela retomada dos valores da cultura greco-romana, trouxe como uma de suas características o humanismo. Esta corrente de pensamento e comportamento representou um incentivo a um senso crítico mais elevado e provocou a valorização do homem, que passou a ser o centro de tudo (antropocentrismo) em oposição ao teocentrismo da Idade Média. Este maior senso crítico permitiu ao homem observar mais atentamente o mundo em sua volta e os fenômenos da natureza, ao invés de aceitar passivamente a interpretação da Igreja.

O humanismo é caracterizado pelo: racionalismo, homem guiado pela razão, em contraponto à fé da Idade Média; individualismo, em oposição ao coletivismo medieval e que serviu para justificar a acumulação burguesa; antropocentrismo, o homem como centro do universo, em substituição ao teocentrismo; classicismo, valorização da estética e do pensamento da Antiguidade Clássica; e otimismo, crença nas possibilidades da vida burguesa, opondo-se ao pessimismo medieval.

O Renascimento foi, de certa maneira, a expansão humanista nas artes, literatura, filosofia e ciência. Ele serviu à burguesia e foi por ela incentivado, uma vez que esta desejava divulgar seus valores mercantis numa sociedade em transição, mas que ainda era, predominantemente, feudal.

Renascimento nas Artes

Uma das principais características da arte renascentista é o Realismo. Busca-se retratar a realidade como ela é. O objeto da pintura passa a ser, preferencialmente, a figura humana. Os artistas encaram o homem não mais como mero observador do mundo criado por Deus, mas como a expressão mais grandiosa do próprio Deus. Vêem o mundo como uma realidade a ser entendida cientificamente e não apenas contemplada.

Outra característica marcante é a liberdade, na medida em que surgem artistas com estilo próprio; a pintura e a escultura, que até então eram vistas como meramente decorativas e acessórias à arquitetura, tornam-se manifestações independentes. A escultura, que antes era deixada em segundo plano, acoplada a paredes ou capitéis, agora é colocada em cima de uma base, podendo ser vislumbrada de todos os ângulos.

Surgem inúmeras técnicas, como o uso da perspectiva, que permite, na pintura, reproduzir espaços reais sobre uma superfície plana, conferindo a noção de volume e profundidade (aliados ao jogo de cores, que possibilita destacar os elementos mais importantes dos elementos secundários, à variação de cores frias e quentes, bem como ao manejo da luz). Outra novidade foi a utilização da tinta a óleo, que confere uma maior qualidade à pintura em tela, enfatizando a realidade e fazendo com que as obras fossem mais duráveis.

A escultura é a forma de expressão artística que melhor representa o renascimento, sob o aspecto do humanismo. A perspectiva e a proporção geométrica são empregadas para destacar a expressão das figuras — que transpassa os seus sentimentos — e a expressão corporal — que garante o equilíbrio. As obras trazem figuras humanas de músculos torneados e de proporções perfeitas. O nu volta a ser utilizado, refletindo o naturalismo, não obstante a moral cristã da época.

Os artistas mais expressivos foram Michelangelo, famoso por *Pietá, Moisés e Davi*; Rafael Sanzio, por suas Madonas; Botticelli, por quadros como *A Primavera* e *O Nascimento de Vênus*; Durer, por *Cristo Crucificado*; Rembrandt, por *Lições de Anatomia*; e Leonardo Da Vinci, considerado o mais genial de todos os renascentistas e consagrado por muitos como o maior gênio que a humanidade já possuiu, devido à sua multiplicidade de talentos para ciências e artes, sua engenhosidade e criatividade.

Leonardo Da Vinci foi pintor, escultor, inventor, arquiteto, engenheiro, cientista, anatomista, naturalista e músico. Além de pinturas e esculturas de valor inestimável, como as famosas *Monalisa, A Última Ceia* e *A Virgem dos*

Rochedos, foi o precursor da balística e o inventor do submarino, da ponte elevadiça, do escafandro, de um modelo de asa-delta e do "Parafuso Aéreo", primitiva versão do helicóptero, dentre outros. Podemos dizer que Da Vinci foi o principal modelo de "homem universal". A universalidade é também uma característica marcante do Renascimento, segundo a qual, o homem deve desenvolver todas as áreas do conhecimento.

Revolução Científica

O desenvolvimento técnico ocorrido ao longo da crise geral do feudalismo foi verdadeiramente revolucionário. O número de inventos no século XV superou o do século XVII. Todo este desenvolvimento modificou a forma e a função da ciência, o que poderia explicar sua grande influência no pensamento humano. Ela passou a ser repensada nos moldes da nova sociedade que estava surgindo e os objetivos do homem e da ciência foram libertados das influências místicas da Idade Média. Os principais fatores que causaram esta revolução foram o Renascimento e a Reforma Religiosa.

A invenção da Caravela e das Naus, a elaboração de instrumentos como a bússola e o astrolábio e o desenvolvimento da cartografia com base na astronomia viabilizaram a expansão marítima européia, ao lado da motivação pelo interesse de grupos mercantis europeus em quebrar o monopólio exercido pelos italianos e árabes sobre o comércio das especiarias (açúcar, porcelanas, pedras preciosas, ouro, drogas medicinais, perfumes, pimenta, cravo, canela e noz-moscada).

O aperfeiçoamento da imprensa, por Gutemberg, também neste período, foi fundamental na disseminação do pensamento, pois eliminou os erros de interpretação e cópia que eram muito freqüentes e deturpavam as traduções e diminuiu os custos da produção de livros. A impressão nos idiomas locais fez com que as obras tivessem um alcance muito maior do que antes, quando eram disponíveis apenas em latim. A Reforma Religiosa desempenhou papel fundamental no processo de revolução intelectual e científica. Os reformistas defendiam que uma forma de se contemplar a existência de Deus era por meio das descobertas científicas e, por esta razão, elas foram amplamente estimuladas.

"O uso da artilharia obrigou a impulsionar a produção de metal. O primeiro alto forno data do século XV. A difusão do pensamento humano, com a invenção da imprensa e o progresso da ciência da navegação desempenharam um papel não menos importante. Pela primeira vez, técnicas industriais e de comunicação ultrapassam a técnica agrícola. É o começo de um processo que colocará a indústria no primeiro plano do progresso. (...) É uma especialização que vai no sentido do capitalismo (produção para o grande comércio, êxodo rural com vantagem para as cidades, proletarização do campesinato). (...) A circunavegação da África, o descobrimento da rota das Índias por Vasco da Gama, o da América por Colombo e a volta ao mundo por Magalhães elevaram o nível científico e ampliaram a concepção do mundo na Europa. Mas, ao mesmo tempo, o grande comércio de produtos exóticos, de escravos e metais preciosos — verdadeira finalidade dos 'descobridores' — voltava a ser aberto e extraordinariamente ampliado. Uma nova era abria-se para o capital mercantil, mais fecunda que a das repúblicas mediterrâneas da Idade Média, porque, desta vez, constituía-se um mercado mundial e seu

impulso afetava todo o sistema produtivo europeu, e porque grandes Estados, e não mais simples cidades, daí iriam aproveitar-se para se constituírem".[1]

Na época renascentista, destacaram-se alguns cientistas como Johannes Kepler, Nicolau Copérnico e Galileu Galilei, que produziram uma ampla teorização sobre o universo e seu funcionamento; William Harvey e Miguel Servet, que descobriram a pequena circulação sanguínea; e Leonardo Da Vinci. Tratava-se agora de pesquisar a natureza para descobrir seus segredos e não mais aceitar os dogmas da Igreja. A teoria heliocêntrica é sintomática dessa nova atitude científica.

Reforma Religiosa

A igreja da época não tinha território definido, mas era praticamente um Estado. Tinha seu monarca no Papa, seus príncipes nos bispos e seus súditos em todos os cristãos ocidentais. Tinha assembléias legislativas nos conselhos ecumênicos, uma constituição no Direito Canônico, tribunais e uma agência fiscal na Cúria. Ela entrava em guerra, negociava tratados e coletava impostos. Toda essa autoridade da Igreja era baseada na tradição e na lei escrita, mas não era incontestada. Os reis se opunham ao poder da Igreja nos seus domínios e seus impostos. Acadêmicos questionavam interpretações dos dogmas e homens de todas as classes reclamavam dos impostos e do dízimo.

Os descontentamentos com relação à Igreja eram muitos, mas o maior era com relação às suas propriedades e riquezas. Ela cobrava impostos dos Reis, impostos pela

---

[1] SANTIAGO, Theo (organização e introdução). *Do feudalismo ao capitalismo: uma discussão histórica.* 3ª ed. rev. Contexto, São Paulo, 1988, p.40.

construção de igrejas, pelas guerras, dentre muitos outros. Uma das principais formas de lucro da Igreja era a venda de indulgências, que serviam para afastar a punição de pecados. No início do século XVI, a sua venda foi especialmente incentivada com a finalidade de angariar fundos para a construção da Basílica de São Pedro. Essa foi uma das principais bandeiras da Reforma Protestante.

Outra causa foi o comportamento imoral do clero. Havia a venda de cargos religiosos a pessoas leigas e de objetos considerados como sagrados, práticas estas chamadas de simonia, que era bastante comum. O clero passou a se preocupar muito com as questões materiais em detrimento da religiosa e moral. Os clérigos também mantinham relações sexuais com prostitutas e até se casavam e tinham filhos.

O Renascimento deu início ao desenvolvimento de uma nova mentalidade, caracterizada pelo individualismo e pelo racionalismo e, ao mesmo tempo, permitiu o desenvolvimento do senso crítico, que passou a olhar o comportamento do clero com olhos reprovadores.

A burguesia, que buscava o desenvolvimento do capital, a realeza, que buscava o fortalecimento de um poder central, e a nobreza, que ambicionava os bens da Igreja, tinham grande interesse na destruição do poder desta última.

Martinho Lutero foi o precursor do reformismo. Nascido em Eisleben, na Alemanha, em 1483, abandonou a faculdade de Direito no mesmo ano em que a iniciou em 1505, trocando-a pela vida religiosa, sem o apoio do pai. Tornou-se monge e depois padre. Era bastante dedicado à Igreja, no entanto, sempre esteve atormentado por duas grandes dúvidas: o poder da salvação atribuído a lugares santos e, mais tarde, a venda de indulgências. Se Cristo viera para salvar os pecadores, a salvação não viria com esforços humanos, mas com a fé em Deus. De modo que, para Lutero, muitos dos princípios da Igreja pareceram blasfemos. Sobretudo, a idéia de que Deus recompensa um cristão na proporção de suas orações, peregrinações ou contribuições; o culto dos santos e de suas relíquias; e a venda de indulgências.

Lutero percebe que as críticas internas à Igreja não eram eficazes e em 1517 prega as "95 teses" na porta da catedral de Wittenberg, tornando suas críticas públicas, o que fez com que passasse a ser visto como ameaça à Igreja de Roma. Para ele, a salvação era uma questão de fé e portanto dependia de cada fiel; a Igreja não era necessária, mas útil à salvação, sendo que as Escrituras Sagradas eram a única fonte de fé. O culto foi simplificado, com a instrução e comunhão, substituindo o latim pelo alemão. Lutero também traduziu a Bíblia do latim para o alemão, tornando o que antes era exclusivo dos clérigos acessível a todo o povo.

Karl Marx afirmou que Lutero venceu a servidão por devoção, substituindo-a pela servidão por convicção. Destruiu a fé na autoridade porque restaurou a autoridade da fé. Converteu sacerdotes em leigos porque tinha convertido leigos em sacerdotes. Aproveitando o espírito da Reforma, os camponeses alemães tentaram, sem sucesso, transformar a Reforma em bandeira social, e os príncipes a utilizaram para se libertar da influência de Roma.

1.3 Transição Econômica

Com o fim das invasões e o surgimento de novas técnicas agrícolas, foi possível a comercialização do excedente de produção, o que significou uma ruptura com a forma original da vida medieval.

O comércio nunca foi nulo na Idade Média, mas era realizado em escala muito reduzida. Aos poucos, ele foi aumentando, dando origem às cidades medievais. Grande parte delas tinha um núcleo cercado por muralhas chamado de *burgo*. O termo *burgueses* era usado para designar os comerciantes e artesãos que viviam em torno dos burgos. Com o grande aumento do comércio e da população nestes locais, o burgo foi alargando seus limites para fora das muralhas, e a classe burguesa foi se tornando mais rica e poderosa, passando a disputar interesses com a nobreza feudal.

O número de comerciantes e artesãos cresceu rapidamente, intensificando, assim, a concorrência. De tal modo que surgiram as corporações com o propósito de regular e proteger as diferentes atividades. Cada corporação reunia membros de uma determinada atividade e regulava a qualidade, quantidade e preço dos produtos, além do regime de trabalho, visando, com isso, combater a concorrência desleal, impedir que produtos de outras regiões entrassem no mercado local e garantir trabalho para todas as oficinas da mesma cidade.

Foram surgindo rotas comerciais espalhadas por todo o continente europeu, como as rotas do norte, na região de Flandres, e as do sul, organizadas por Gênova e Veneza.

1.4 Transição Política

A Igreja, após a Reforma Protestante, foi perdendo gradualmente o seu poder, bem como a nobreza, na medida em que o comércio se desenvolvia e a burguesia começava a adquirir cada vez mais força.

Entre os séculos XI e XIV, a população cresceu extraordinariamente. Os nobres aumentaram em número e tornaram-se mais exigentes com relação aos seus hábitos de consumo, o que determinou a necessidade de aumentar suas rendas e, para consegui-lo, aumentou-se consideravelmente o grau de exploração da massa camponesa.

Além disso, a expansão do comércio também teve influência na mentalidade dos camponeses. Muitos servos, cansados da exploração feudal, eram motivados pelas notícias do movimento comercial das cidades a mudar para lá em busca de melhores condições de vida. As cidades se tornaram lugares seguros para quem queria romper com a rigidez da sociedade feudal.

Os servos que não foram para as cidades organizaram, no campo, revoltas contra os senhores feudais, reivindicando melhores condições de vida e de trabalho. Essas revoltas se tornaram cada vez mais freqüentes e os camponeses conseguiram, inúmeras vezes, exonerar-se de algumas obrigações que lhes eram impostas. Isso contribuiu para que as antigas relações fossem se modificando, passando a existir, por exemplo, contratos de pagamento de salário aos camponeses e contratos de arrendamento da terra entre estes e os proprietários.

A repressão a esses movimentos foi enorme, mas a nobreza e o alto clero ainda tinham razões para temer por sua sobrevivência.

Desta forma, politicamente, a crise do feudalismo pode ser traduzida no fortalecimento da autoridade real, considerado necessário pela nobreza, que temia as revoltas camponesas. A unificação política — Estados nacionais — aparece, assim, como uma tentativa da classe dominante de manter sua hegemonia. Por outro lado, a idéia de um poder centralizado era bastante atraente para a burguesia, pois estava associada à idéia de prosperidade do comércio. Ao mesmo tempo, representava a unidade territorial, a uniformização administrativa, o estabelecimento de uma justiça real, a criação de uma moeda nacional e a centralização dos impostos, o que era conveniente para a realeza.

Assim, no final da Idade Média, a burguesia firmou uma aliança com a realeza, onde aquela proveria os recursos financeiros, materiais e humanos para a formação de um exército nacional, necessário para a retomada do poder pelo monarca, e este, em troca, criaria as condições necessárias para o pleno desenvolvimento comercial.

Nos séculos XV a XVIII, a Europa tinha duas formas de governo: Estados absolutistas, na França, Prússia, Áustria, Espanha e Rússia, e as monarquias constitucionais e repúblicas, na Inglaterra e Holanda. O absolutismo se caracterizou pela absorção das pequenas e fracas unidades políticas pelas grandes e fortes estruturas políticas, uma fortalecida habilidade de legislar sobre uma área unificada e um sistema relacionado de lei e ordem. Uma das frases mais recordadas dessa visão absolutista é atribuída a Luís XV: *"Na minha pessoa unicamente é que reside o poder soberano e é somente de mim que os tribunais retiram sua existência e autoridade. A autoridade deles só pode ser exercida em meu nome. É exclusivamente a mim que o poder legislativo pertence. Todas as ordens públicas emanam de mim, pois eu sou o guardião supremo. Os direitos e necessidades da nação são necessariamente reunidos em minhas mãos."*[2]

O absolutismo ajudou a mover um processo que começou a reduzir as diferenças sociais e culturais *dentro* de cada Estado e aumentou diferenças *entre* os Estados. No final do século XVII, surge um processo de desenvolvimento de um sistema interestatal. O desenvolvimento da soberania do Estado foi parte de um processo de mútuo reco-

---

2   HELD, David. *Democracy and the Global Order — From the Modern State to Cosmopolitan Governance,* Stanford, Stanford University Press, 1995.

nhecimento através do qual os Estados garantiam uns aos outros o direito de jurisdição em seus respectivos territórios e comunidades. Isto é, o absolutismo pavimentou o caminho para um sistema secular e nacional de poder. O absolutismo forçou as pessoas a repensarem suas relações com o Estado, já que não se tratava mais de uma sociedade estamental.

A partir do século XVI, o crescente fortalecimento da nova classe burguesa iria enfraquecer o "antigo regime" baseado no clero e na aristocracia, criando as condições para as revoluções burguesas da era moderna que destruiriam a monarquia absoluta.

1.5 Fundamentos do Estado Nacional

O centro da idéia de Estado moderno é uma ordem constitucional, impessoal e legal delimitando uma estrutura comum de autoridade que especifica a forma de controle e de administração sobre uma determinada comunidade[3]. Essa ordem foi anunciada mais notavelmente por Jean Bodin e Thomas Hobbes como a distinção do poder público constituindo a referência política suprema de comunidades e territórios específicos. No início, o objetivo era negar às pessoas o direito de determinar sua identidade política independentemente do Estado. Desse modo, o Estado passou a ser visto como uma pessoa "artificial" separada da figura dos que o representavam. Assim, a soberania foi o novo modo de se explicar a natureza do poder e da lei. Bodin definiu soberania como o poder de impor leis inde-

---

3 SKINNER, Quentin. *The Foundations of Modern Political Thought: Volume II: The Age of Reformation*. Cambridge University Press, Cambridge, 1978, p. 353.

pendentemente de pedir o consentimento da população. A lei nada mais é do que o exercício da soberania.

Foi Hobbes quem consolidou a idéia de poder público como uma instituição definida pela estabilidade e soberania, que dá vida e movimento à sociedade e ao corpo político. O Estado era necessário para evitar a luta de todos contra todos. Atrás da influência da esfera do Estado sempre haverá a constante ameaça de uma guerra, mas através do controle do território pelo Estado, com suas leis, instituições e poder coercitivo, a ordem social pode ser sustentada. A soberania, segundo Hobbes, deve ser absoluta e justifica-se pela segurança das pessoas.

No entanto, o Estado tem limitações: não pode ferir seus indivíduos nem violar o bem-estar material deles. A autoridade só pode ser mantida se a proteção for assegurada.

John Locke afirma que, enquanto os poderes legislativo, executivo e judiciário são transferidos para o Estado, todo o processo deve ser concebido como o governo aderindo ao seu objetivo essencial: a preservação da vida e da liberdade. As instituições governamentais devem servir para proteger os cidadãos na disposição de seu trabalho e propriedade. Estipular o poder supremo seria um direito inalienável das pessoas e a supremacia governamental seria uma supremacia delegada com base na confiança. Quando a sociedade achar que seus direitos estão sendo violados, pode destituir o governante.

Para Rousseau, a soberania não pode ser delegada ou representada. O bem comum depende do discurso público, de deliberação e de acordos. Somente os cidadãos, por eles mesmos, podem articular a direção suprema do bem comum. A vontade geral seria diferente do desejo de todos, visto que a primeira seria o conjunto de todas as opiniões, discutidas e sintetizadas em um único consentimento, enquanto o segundo seria o mero somatório de interesses individuais. Os indivíduos deveriam criar livremente as regras pelas quais seriam regulados. Enquanto em Hobbes, o Estado é soberano, em Rousseau, a vontade geral é que deve prevalecer em relação aos indivíduos.

Na maior parte dos séculos XIX e XX, a democracia nos Estados-nação não foi acompanhada por relações democráticas entre os diferentes Estados. Isso mostra que a estrutura profunda do moderno sistema inter-estatal pode ser caracterizada por uma tensão entre a legitimidade democrática dentro dos limites do Estado e a viabilidade da execução das decisões do poder político fora de tais limites. As origens desta tensão foram traçadas no início do sistema de Estados visando consolidar a soberania no domínio do Estado-nação. A extensão da autoridade dos Estados-nação foi alterada quando, na segunda metade do século XX, cresceu o envolvimento dos Estados em redes regionais e globais. Essa intensificação regional e global trouxe questionamentos acerca da habilidade dos Estados de lidar com as demandas colocadas sobre eles pelas forças transnacionais e, por outro lado, da importância dos Estados para quem é afetado por eles.

Para ser soberano, o Estado deve ser independente e, em suas possessões, ter o controle da jurisdição e do território. Na ordem internacional, reina o princípio de que os Estados soberanos são iguais entre si e devem coexistir. Na verdade, não só coexistir, mas também cooperar uns com os outros nas relações econômicas, ambientais, políticas e sociais. Surgiram, nas últimas décadas, inúmeras organizações para guiar e estabilizar as transações entre Estados e atores não-estatais. Não é porque não há uma autoridade supranacional que os Estados não possuem valores comuns de regulação. A partir da Paz de Westfália, em 1648, é que surgiu a idéia de ordem internacional constituída por Estados soberanos.

O Tratado de Westfália aprovou os princípios de territorialidade, soberania e autonomia baseados nas seguintes regras:

1. O mundo se divide em Estados soberanos que reconhecem que não há autoridade superior.
2. Os processos de elaboração das leis estão nas mãos dos Estados individualmente.
3. Leis internacionais são orientadas para estabelecer um mínimo de regras de coexistência, relações entre Estados e pessoas.
4. O último recurso quando houver diferenças entre Estados a ser usado é a força.
5. O que limita a liberdade dos Estados é o interesse prioritário da coletividade.

Seis fatores foram de grande relevância para a história do sistema de Estados:

1) a crescente coincidência dos limites territoriais com sistema de lei uniforme;
2) o estabelecimento de novos mecanismos de criação de leis;
3) a centralização do poder administrativo;
4) a alteração e a extensão do gerenciamento fiscal;
5) a formalização das relações entre os Estados através do desenvolvimento da diplomacia e das instituições diplomáticas; e
6) a introdução de um exército permanente.

Nesse modelo, os Estados representariam ordens políticas discretas e separadas, baseadas no interesse de cada

Estado através de seu poder coercitivo. Não era necessário para o Estado assumir requisitos da moral internacional. Áreas como os Balcãs conheceram crises crônicas, guerras e lutas de movimentos nacionalistas lutando por Estados próprios e tornaram-se fonte de crescentes conflitos. O eqüilíbrio do poder militar virou uma das preocupações dos líderes de Estados europeus. Apesar do modelo de Westfália estabelecer igualdade entre os Estados-nação, na prática, o oeste e o norte se firmaram como áreas centrais de distribuição de influências. Por outro lado, a luta por soberania e autonomia em muitos dos países de Terceiro Mundo foi intimamente relacionada com o processo de luta por libertação do domínio colonial. A independência política de muitos países não foi acompanhada por sua inserção na ordem econômica global. Eles têm uma base política frágil constantemente ameaçada por grupos sociais divididos pela extrema pobreza, doenças, assim como divisões éticas e culturais.

2. ESTADO-NAÇÃO: DESAFIOS E PERSPECTIVAS

Apesar do Estado-nação continuar sendo vital, isso não significa que sua estrutura soberana e autônoma não tenha sido afetada pelas mudanças na interseção das forças nacionais e internacionais. O atual processo de globalização impõe a necessidade de, cada vez mais, os Estados colaborarem uns com os outros. Forças transnacionais têm reduzido e restringido a influência de governos particulares sobre as atividades de seus cidadãos.

Áreas de domínio tradicional dos Estados e de responsabilidade dos mesmos como, por exemplo, defesa, planejamento econômico, comunicações, administração e ordem legal, atualmente, não estão completas sem recorrer às formas de colaboração internacional, visto que fluxos de bens e serviços, idéias, produtos culturais não são capazes de serem controladas pelos Estados-nação. Em função disso, os Estados foram impulsionados a aumentar o nível de integração entre eles (ex. União Européia, OEA).

Vale ressaltar que o termo integração envolve dois conceitos básicos, quais sejam, integração e região. Uma região pode ser definida por aspectos culturais, políticos ou econômicos, dentre outros. Contudo, refere-se, necessariamente, a um território onde estão presentes tais características. Essa terriorialidade pode se modificar ao longo do tempo e ser contínua ou não, o que dificulta a delimitação de fronteiras em alguns casos. No entanto, a região sempre tem uma ligação territorial. A integração, por sua vez, refere-se a atores, governamentais (como o Poder Executivo dos Estados) ou não-governamentais (como as ONGs) que se unificam. Assim, podemos afirmar que o conceito de integração regional diz respeito a um "processo dinâmico de intensificação em profundidade e abrangência das relações entre atores levando à criação de novas formas de governança político-institucionais de escopo regional".[4]

Há diferentes tipos de integração econômica:

"Área de livre-comércio: as tarifas comerciais entre seus membros são eliminadas, mas cada um possui tarifas comerciais diferenciadas com terceiros.
União Aduaneira: É uma área de livre-comércio com uma tarifa externa comum.
Mercado Comum: Além da tarifa externa comum, promove também a harmonização da política comercial e livre circulação de serviços, capitais e pessoas.
União Monetária: Mercado comum, acrescentando-se uma moeda comum à harmonização da política monetária.[5]*"*

Segundo Octavio Ianni, quando visto em perspectiva ampla, de longa duração, o Estado-nação se revela um processo histórico problemático, contraditório e transitório.

---
4 HERZ, Mônica e HOFFMANN, Andrea Ribeiro. Organizações Internacionais: História e práticas. Elsevier Editora, Rio de Janeiro, 2004, p. 168.
5 *Ibid.*, p. 170.

Houve época em era definido pela soberania, real ou almejada, ampla ou limitada. Nos tempos da sociedade global, o Estado-nação modifica-se, mais uma vez, mas agora radicalmente. Pouco a pouco, transforma-se em província da sociedade global. Longe de ser neutro e muito menos unívoco, emerge como um campo de conflito e de disputa entre os diferentes atores sociais e econômicos, que buscam interpelar o Estado nacional em sua capacidade de regulação, em função de diferentes definições políticas ou modelos de sociedade.

Há tanto quem condene a globalização quanto quem lhe faça apologia. No entanto, ambas as partes cometem o erro de tratar tal fenômeno como uma força suprahumana que atuaria com independência em relação aos atores sociais. Desse modo, não se detêm em analisar como os diversos atores sociais participam de formas específicas de globalização.

Ainda há outros equívocos como os que se referem à globalização somente em termos financeiros e/ou tecnológicos invocando "as forças do mercado" ou "o poder das tecnologias". Dessa forma, tratam o mercado e as tecnologias como se não fossem criações humanas e acabam fetichizando-os.

Além disso, quem reduz a idéia de globalização à globalização econômica, geralmente, também a equipara à sua versão neoliberal.

É necessário diferenciar o que poderíamos chamar de "globalização neoliberal" e outras formas de globalização, ou seja, outras formas de produzir inter-relações de alcance planetário. A globalização econômica neoliberal pode ser caracterizada através do surgimento (como fenômenos raros e isolados no começo do século XX) de empresas transnacionais (ETNs) que passaram por um período de crescimento e expansão rápido e intenso no pós-guerra, através do processo de concentração e acumulação de capital, resultando em capacidade produtiva e liquidez financeira imensas, alimentadas continuamente pelas políticas inflacionárias dos governos e o déficit orçamentário dos EUA. O aumento do patrimônio e da liquidez financeira das ETNs levou à globalização dos mercados financeiros e constituiu-se em fator adicional de pressão sobre as políticas monetárias, cambial e comercial dos governos nacionais, enfraquecidos pela perda paulatina de sua capacidade de prover as necessidades básicas — alimentação, educação, saúde, emprego e segurança — às populações mais carentes e desprivilegiadas. Se o crescimento da economia mundial nos anos 60 e 70 levou à aceleração do desenvolvimento desigual, concentrando renda e capacidade produtiva, entre alguns países recém-industrializados do Terceiro Mundo e, sobretudo, entre os países centrais e periféricos, a globalização, a partir dos anos 80, reforça a tendência à polarização e exclusão, com o conseqüente agravamento dos conflitos regionais e a desestabilização dos regimes políticos frágeis nos países pobres.

A reestruturação da economia mundial e a conseqüente organização da produção, seja em territórios "nacionais", seja em âmbito internacional, determinam crescentemente o fluxo do comércio internacional, os investimentos estrangeiros, a transferência de tecnologia e as correntes migratórias de milhões de deserdados. Em conseqüência, a especialização da produção e do comércio em cada país e sua competitividade nos mercados passam a depender mais das decisões de investimentos-desinvestimentos das ETNs, do que dos eventuais planos governamentais e das aspirações da maioria da população.

A síndrome da concentração-polarização e seus efeitos devastadores não se fazem sentir somente nos países de Terceiro Mundo. Os próprios EUA e os países da União Européia (UE), como ficou evidente na profunda crise que explodiu em 2008, sofreram forte abalo no sistema econômico-financeiro com a falência de bancos e grandes empresas, o que obrigou os governos centrais a injetar trilhões de dólares para socorrer o mercado financeiro e salvá-lo da implosão e da bancarrota. Em decorrência, tivemos queda na produção e consumo, aumento do desemprego, queda na qualidade dos serviços sociais e o sentimento de profundo mal-estar, de insegurança e falta de perspectiva para o sistema global.

2.1 Globalização e o Enfraquecimento do Estado

Importante salientar, uma vez mais, que a globalização não se limita a processos econômicos e financeiros. A redução da globalização ao seu componente econômico-financeiro — somada à identificação da teoria econômica com a ortodoxia neoliberal — configura a tendência que Ulrich Beck denuncia sob o nome de globalismo: uma concepção segundo a qual, a mão invisível do mercado mundial substitui a ação política, quer dizer, a possibilidade de modelar o existente a partir da vontade e esforço humanos conscientes. Beck diferencia globalismo de globalidade, sendo que o segundo significaria que já vivemos há tempos em uma sociedade mundial, entendida como diversidade sem unidade. Nenhum país ou grupo pode se isolar de outros. Assim, globalização se refere aos processos no quais a soberania, a identidade e as orientações dos Estados-nação são afetadas por atores transnacionais de maneira inescapável.[6]

---

6 BECK, Ulrich. *World risk society*. Polity Press, Cambridge, 1999.

A economia globalizada se caracteriza pela sua capacidade de funcionar como unidade em tempo real e escala planetária, graças às novas ferramentas proporcionadas por tecnologias de informação e de comunicação. Sua peculiaridade se remete ao fato de que o capital se movimenta ao longo de 24 horas do dia em mercados financeiros globalmente integrados em forma de rede que funcionam em tempo real.

Nessa perspectiva, a globalização econômica é vista como resultante de aceleradas e profundas mudanças ocorridas nas últimas décadas, dentre as quais, destacam-se:

• Tecnológicas — telecomunicações, informática, microeletrônica, etc.
• Políticas — decisões governamentais de ajuste estrutural visando à liberalização e à desregulamentação do mercado;
• Geopolíticas — fim do comunismo;
• Microeconômicas — acirramento da competição em escala mundial;
• Macroeconômicas — aumento no número de novos países industrializados;
• Ideológicas — hegemonia neoliberal.

Nesse contexto, outra demonstração de enfraquecimento do Estado nacional deriva da globalização econômica, visto que as economias nacionais (especialmente a dos países cujos estados de endividamento os tornam mais vulneráveis) estão sujeitas à avaliação dos organismos financeiros internacionais e do FMI. A formação de opinião destas entidades se caracteriza pela sua irracionalidade, seu dogmatismo e sua falta de permeabilidade ante toda evidência empírica que possa colocar em questão os princípios gerais sobre os quais se embasam suas recomendações. Ao longo dos anos de predomínio do chamado "Consenso de Washington", em particular, os organismos internacionais de crédito se empenharam em aplicar uma única e simplificada receita a todos os países que solicitaram seus serviços, sem importar se seus supostos eram corretos, sem que houvesse possibilidade alguma de um desmentido da experiência, e sem se importar se as condições impostas como contrapartida de sua assistência eram ou não politicamente sustentáveis.

As limitações que sofrem os Estados são bem reais, o que não implica sua irrelevância ou tendência ao desaparecimento. Impõe-se o reconhecimento de que o Estado nacional não é uma unidade de análise excludente, posto que há outro nível de análise de crescente importância que não é interestatal e, sim, supraestatal (global). Esse nível global torna impossível que os Estados funcionem como entidades fechadas sobre si mesmas e coloca-os num contexto cujas variáveis principais não são nem controláveis, nem influenciáveis. Os processos que põem em dúvida a efetividade e o alcance da soberania estatal são os mesmos que abalam a cidadania tal como existia. Sua influência dá origem a novas formas de mobilização e resistência que interpelam o Estado desde a demanda pela moralização das práticas políticas até as exigências de inclusão social.

Em suma, as perspectivas reais de desenvolvimento econômico e democracia política nos países do Hemisfério Sul dependem de como serão abordados e resolvidos os difíceis e múltiplos desafios não contemplados pela ótica neoliberal dominante (que alia a sua obsessão antiestatal à afirmação dogmática da 'igualdade' dos desiguais no mercado).

Na América Latina, onde existiram regimes militares prolongados ou que tentaram — com ou sem sucesso — alterações profundas na sociedade e no seu modelo de acumulação e inserção internacional, três tipos principais de enclaves autoritários persistiram: instituições não democráticas (no plano constitucional ou da legislação ordinária), atores marcadamente autoritários com elevados recursos de poder e a questão da violação dos direitos humanos. Por sua vez, essa crise de governabilidade alimenta não só o perigoso enfraquecimento das instituições democráticas nascentes, mas a configuração de um tipo peculiar de regime — uma democracia "delegativa", segundo a expressão do cientista político argentino Guillermo O'Donnell —, em que a delegação prevalece sobre a representação, sob o peso de enraizadas concepções, práticas e instituições não formalizadas, mas fortemente atuantes. Com efeito, apesar do sistema político responder aos critérios formais de uma poliarquia, o que resulta do seu funcionamento efetivo é o reforço da concentração do poder no executivo, a marginalização dos partidos políticos e do Congresso, o patrimonialismo e o clientelismo, as fortes tendências caudilhistas e populistas, os jogos de soma zero entre os atores políticos e sociais, a prepotência tecnocrática e uma clara descrença/desmoralização da população em relação aos políticos, às instituições políticas e à própria atividade política.

Além disso, há uma crise do Estado enquanto complexo institucional que define e regula um espaço econômico nacional resultante dos impactos da transnacionalização e da globalização da economia mundial. Desse ponto de vista, o Estado latino-americano é hiperatrofiado e débil (pela sua carência de autonomia diante dos atores sociais internos e pela sua fragilidade em face de interesses externos mais poderosos) para atuar com eficácia na tarefa essencial de orientar, para dentro, as bases de um novo modelo de desenvolvimento e, para fora, um projeto de reinserção competitiva no mercado mundial. Como conseqüência disso, o Estado tem se manifestado falho em funções básicas como: capacidade extrativa de recursos para seu próprio sustento; garantia da moeda e dos contratos em geral; garantia de segurança dos indivíduos e promoção de coesão da sociedade. Em relação ao Estado e às suas funções como instituição, não há dúvida de que os Estados estão mudando de função. Uma das razões dessa mudança é o fenômeno da economia global, uma força com capacidade para pressionar Estados específicos, e que de fato o faz. Imensas corporações multinacionais são capazes de pressionar Estados para que estes disponibilizem mão-de-obra relativamente barata, para que não tenham sindicatos que causem problemas demais e para que produzam um determinado tipo de estabilidade que seja adequada ao mercado. Este é um fenômeno novo de nossa época.

Além disso, os poderes dos Estados estão mudando sob o efeito da ascensão das organizações globais. Muitas leis nacionais são submetidas ao escrutínio internacional. A Convenção Européia de Direitos Humanos tem o poder de testar a lei britânica e de sobrepor-se a ela, de forma que é possível processar a legislação do Reino Unido por meio da Convenção Internacional de Direitos Humanos e vencer a legislação do Estado britânico.[7]

Ademais, devemos ser internacionalistas em relação ao nosso meio-ambiente. Os Estados, acima de tudo, são incapazes de controlar os estragos do mercado quando esse mercado é global. É preciso ter acordos globais sobre como iremos administrar a próxima etapa do capitalismo de mercado. Senão, ele destruirá nosso habitat. Inclusive, Skinner

---

7 SKINNER, Quentin. *The Foundations of Modern Political Thought: Volume II: The Age of Reformation.* Cambridge University Press, Cambridge, 1978.

ressalta que não é verdade que o Estado está encolhendo. Ele entende que o Estado está mudando de função e não vê como, em nossa geração, os Estados possam deixar de ter funções cruciais, embora em relação às suas duas tarefas mais importantes — conduzir a economia e legislar — eles estejam sofrendo uma pressão considerável. Sempre se pensou que a coisa mais fundamental que o Estado deveria fazer era proporcionar segurança ao cidadão. Nesse aspecto, Skinner não vê mudança. Está ficando muito mais difícil para os Estados fazer isso, mas é função do Estado policiar a sociedade civil e proporcionar segurança a seus súditos. Essa ainda é uma questão central da filosofia do Estado e isso não vai mudar. Acrescenta que o governo Bush o assustou porque resistiu ao tipo de internacionalismo que ele considera benéfico e importante, uma vez que se opôs à instalação de uma corte internacional e às tentativas internacionais de lidar com as mudanças climáticas.

Vale acrescentar que essa posição mercadocêntrica do governo norteamericano acabou produzindo a maior crise de que se tem notícia desde o *crash* de 1929. A crise econômica que abalou o mundo, em 2008, sobretudo os EUA, obrigou os Estados e as instituições supranacionais a uma brutal intervenção no mercado financeiro para socorrer os bancos, sepultando a teoria neoliberal do livre mercado.

2.2 Os Sintomas de Declínio dos Estados Nacionais

Para analisar as perspectivas em relação ao futuro do Estado-nação, é de suma importância destacar os atuais sintomas do declínio dos Estados Nacionais:

• Com o crescimento da interconexão global, o número e a eficiência de instrumentos políticos à disposição dos governos tendem a declinar sensivelmente. O resultado é a redução dos instrumentos políticos que permitiam ao Estado o controle de atividades realizadas dentro e fora do seu território.

• A expansão de forças e interações transnacionais que restringem a influência exercida pelos governos sobre a atividade de seus cidadãos. Por exemplo, o fluxo de capital privado pelas fronteiras pode ameaçar políticas governamentais anti-inflacionárias e cambiais. O resultado foi o crescimento de instituições e organizações que constituíram a base do sistema de governo global.

• A eclosão de diversos conflitos armados, em geral expressando disputas religiosas, étnicas ou territoriais, constitui uma fragmentação nacional que, segundo alguns, configura uma contra-tendência em relação aos processos de integração. Entretanto, a raiz dessa fragmentação está no enfraquecimento dos Estados nacionais, provocado, em última instância, pelas dinâmicas globais.

• No contexto de uma ordem global altamente interconectada, muitas atividades e responsabilidades tradicionais dos Estados (defesa, administração da economia, comunicações, sistemas administrativos e legais) não podem ser assumidas e realizadas sem o concurso da colaboração internacional. À medida em que as demandas apresentadas ao poder público cresceram nos anos de pós-guerra, o Estado viu-se cada vez mais confrontado com problemas políticos que não podem ser resolvidos sem a cooperação de outros atores estatais e não-estatais.

• Em conseqüência, os Estados tiveram que aumentar o grau de integração política com outros Estados (por ex, a UE, o COMECON e a OEA) e adotar e ampliar negociações, arranjos e mecanismos internacionais para compensar os efeitos desestabilizadores provocados pelas decisões das instituições multilaterais (por ex. FMI, OMC e outras agências internacionais).

• O resultado de todo esse processo foi um grande crescimento das instituições, organizações e regimes que constituíram a base do sistema de governança global. Isso não significa a emergência de um governo mundial integrado. Há uma diferença entre uma sociedade internacional que contém a possibilidade de cooperação política e de ordem, e um Estado supranacional que detém o monopólio dos poderes coercitivo e legislativo.

O processo de declínio é irregular: em alguns países, a política nacional será fortemente influenciada pelos processos globais, enquanto em outros, os fatores regionais ou nacionais continuam mais importantes. A persistência do Estado-nação, no entanto, não significa que a soberania nacional não tenha sido afetada profundamente pelo choque de forças e relações nacionais e internacionais. As principais disjuntivas externas que condicionam esse processo são, segundo o professor inglês David Held, a economia mundial, as organizações internacionais, o direito internacional e as potências hegemônicas e blocos de poder.[8]

A dinâmica das relações, processos e estruturas que constituem a globalização reduz ou anula os espaços de so-

---

8 HELD, David. *Democracy and the Global Order — From the Modern State to Cosmopolitan Governance*. Stanford University Press, Stanford, 1995.

berania, inclusive para as nações desenvolvidas do Primeiro Mundo. As fronteiras nacionais adquirem nova significação, refletindo um quadro mais amplo onde aspectos classicamente característicos do Estado-nação são radicalmente transformados. As condições e possibilidades de soberania e projeto nacional passaram a estar determinadas por instâncias supranacionais, por exigências de instituições e corporações multilaterais, transnacionais ou propriamente mundiais, o que traz mudanças substantivas na sociedade nacional, transformada em província global.

No contexto da globalização, algumas noções sofrem uma espécie de obsolescência, total ou parcial, como é o caso do Estado-nação, que entra em declínio como realidade e conceito. Coloca-se, então, ao pensamento o dilema de avaliar se está havendo ou não uma ruptura histórica em grandes proporções. A soberania do Estado-nação "não está sendo simplesmente limitada, mas abalada pela base". Aos poucos, "a sociedade global tem subsumido, formal ou realmente, a sociedade nacional"[9].

Uma conseqüência importante refere-se à própria democracia liberal e ao potencial de democratização das sociedades contemporâneas. A idéia de comunidade política que se autogoverna e é capaz de determinar seu próprio futuro, imanente à noção de democracia, fica em grande medida esvaziada diante da dinâmica das relações, forças e ideologia da globalização econômica. Dado que a prática e a ideologia da globalização conseguiram restaurar a separação da economia do domínio político, os governos defrontam-se com uma capacidade de regulação e de controle bastante diminuída, restringindo-se ao papel reduzido de administradores do ajuste da economia no plano nacional,

---

9 IANNI, Octavio. *Teorias da Globalização*, Civilização Brasileira, Rio de Janeiro, 1995.

com o objetivo de ganhar competitividade no mercado global e assegurar o clima de confiabilidade capaz de atrair investidores[10].

2.3 Emergência da Sociedade Civil

A sociedade civil global está se expandindo rapidamente desde o fim do comunismo no Leste Europeu. Desde a queda do Muro de Berlim, em 1989, três grandes e pouco celebrados fenômenos estão dando forma ao mundo contemporâneo. O primeiro é o fato de que, pela primeira vez na história, mais pessoas vivem sob governos democráticos do que vivem sob ditaduras. O segundo é a expansão geométrica da *internet*. O terceiro é a consolidação das ONGs como organismos de ação de amplitude mundial.

A explosão do uso da *internet* como uma ferramenta da cidadania tem sido vital. Por exemplo, depois do terrível *tsunami* que arrasou o sudeste da Ásia no fim do ano de 2004, 30% dos americanos fizeram doações às vítimas. Metade das doações foi feita via *internet*.

O número de ONGs cresceu vertiginosamente do início do século passado até a década de 80.

No Brasil, segundo o IBGE, o número total de fundações privadas e associações sem fins lucrativos, em 2005, era de 338.162, com um total de 1.709.156 trabalhadores assalariados.

"Entre 1996 e 2005, observou-se um crescimento da ordem de 215,1% das fundações privadas e associações sem fins lucrativos no Brasil. (...) Proporcionalmente, esse grupo de entidades foi o que mais cresceu no País.

---
10 VIEIRA, Liszt. Os *Argonautas da Cidadania*. Editora Record, Rio de Janeiro, 2001.

(...) As demais organizações sem fins lucrativos (caixas escolares, partidos, sindicatos, condomínios e cartórios) apresentaram um crescimento de 152,2%, enquanto todo o conjunto de organizações pública, privada lucrativa e privada não lucrativa existentes no CEMPRE [Cadastro Central de Empresas] cresceu 74,8%"[11].

O quadro abaixo mostra o crescimento das fundações privadas e associações sem fins lucrativos no país.

Crescimento das Fundações Privadas e Associações sem Fins Lucrativos no Brasil					
Até 1970	De 1971 a 1980	De 1981 a 1990	De 1991 a 2000	De 2001 a 2004	2005
10.939	44.347	108.735	248.996	322.843	338.162

Fonte: IBGE, *Fundações Privadas e Associações sem Fins Lucrativos no Brasil em 2005.*

O próprio ex-presidente dos EUA, Bill Clinton, em entrevista à revista Veja, afirma que a globalização da economia surtiu efeitos muito positivos, mas muitas pessoas não foram beneficiadas. A única maneira de ampliar esses efeitos benéficos é trazer para a cena a sociedade civil. Ele acredita que chegou a hora de as organizações não-governamentais, as empresas, as entidades de trabalhadores e as organizações internacionais tentarem desenvolver uma política social e ambiental que esteja à altura dos desafios e

---

11 IBGE, *Fundações Privadas e Associações sem Fins Lucrativos no Brasil em 2005.* Disponível em: http://www.ibge.gov.br/home/estatistica/economia/fasfil/2005/comentario.pdf (consulta realizada em 7/3/2009).

oportunidades levantados pela globalização. O sistema econômico global sozinho não tem como resolver todos os problemas, nem local nem globalmente. Questões como a degradação ambiental e o aumento da pobreza e da desigualdade não podem ser enfrentados apenas pelas forças de mercado. Portanto, seria pouco realista imaginar que possamos ter uma economia globalizada sem a contrapartida de uma ação global social. A idéia é basicamente contribuir para a criação de uma sociedade civil global com parcerias que transcendam as fronteiras nacionais e regionais.

Os problemas das pressões sociais cresceram, difundiram-se e diversificaram-se nas últimas décadas. Inclusive, muitas formas de globalização se opõem ao neoliberalismo econômico. O exemplo mais claro é o movimento transnacional que começou na cidade de Seattle, em novembro de 1999, por ocasião de uma reunião da Organização Mundial do Comércio e que desde então tem realizado numerosas mobilizações em cidades muito distantes do globo, até desembocar, em janeiro de 2001, na cidade de Porto Alegre, no Primeiro Fórum Social Mundial, que reuniu cerca de 15 mil pessoas de todos os continentes.

A bipolaridade Norte *versus* Sul teve papel de extrema relevância no alinhavar das relações comerciais. O fiasco da Conferência de Seattle entrou para a história das conferências internacionais. Não apenas pela posição dos países pobres, que se rebelaram contra a exclusão nas principais negociações, como também pela influência inédita das ONGs, tanto nas ruas quanto nas negociações.

Cabe destacar a opinião de Claude Smadja, à época, diretor do Fórum Econômico Mundial, encontro anual que reúne personalidades ligadas a governos e empresas, quando reconheceu que "as manifestações recentes em todas as partes do mundo mostram que assumiu papel central a questão do envolvimento da sociedade civil no que se refere à governança, seja política ou empresarial." Segundo ele, "as ONGs entram no vácuo dos fracassos dos governos e das empresas"[12].

O primeiro Fórum Social Mundial produziu um documento que conclui com estas palavras: "Chamamos a todos os povos do mundo a se unirem a esta luta por construir um futuro melhor. O Fórum Social de Porto Alegre é um caminho em direção à soberania dos povos e um mundo mais justo". Assim, não se trata de ser a favor ou contra a globalização. O que é importante é analisar os processos sociais contemporâneos de maneira complexa e proveitosa de modo a participar consciente e informadamente deles. Para que tais objetivos sejam alcançados, é necessário analisar a complexidade, estudar as práticas de alguns atores sociais significativos, como estas se relacionam com as de outros atores e, sobretudo estudar as inter-relações do tipo global-local. Deve-se observar, especialmente, como se produzem algumas representações sociais de caráter hegemônico que orientam as transformações sociais em curso, como, por exemplo, certas representações de idéias de globalização, de identidades sociais, da sociedade civil e o desenvolvimento sustentável.

Nesse sentido, existe a necessidade de evitar a fetichização da idéia de globalização. Uma forma de começar a fazê-lo é não se falar em globalização no singular como se fosse um nome próprio, mas em processos de globalização, no plural. Tal expressão processos de globalização serve para designar de maneira genérica os numerosos processos que resultam das inter-relações que se estabelecem entre os atores sociais no mundo e que produzem globalização, ou seja, inter-relações complexas de alcance crescente-

---

12 Folha de São Paulo, 31/01/2001.

mente planetário. Este conjunto de inter-relações é resultado de múltiplos processos sociais, nos quais historicamente têm intervindo incontáveis atores sociais nos mais variados âmbitos da experiência humana, desde os mais diversos lugares do mundo.

2.4 Tendências e Impactos da Globalização

A partir de uma perspectiva crítica, pode-se afirmar que existem duas correntes acerca das tendências da globalização. A primeira delas considera que a globalização implica importantes transformações no plano dos Estados nacionais, que perdem parte de sua soberania sobre os processos econômicos. Além disso, esta nova ordem neoliberal pressupõe mais especificamente a posição hegemônica dos Estados Unidos como poder de garantia de livre intercâmbio comercial e de capital, assim como das regulamentações legais e institucionais que constituem seus pilares; tendência que se afirma com o fim do mundo bipolar, a partir do colapso dos socialismos reais, e se vê agravada após os acontecimentos ocorridos em 11 de setembro de 2001 e o início de uma luta contra o "terrorismo internacional". Em conseqüência, a economia capitalista globalizada necessitaria, em sua forma neoliberal, de um centro político e militar que, não sendo possível realizar o "Estado mundial", adota a forma de uma complexa união de Estados, sob a égide dos Estados Unidos.

Uma segunda linha de análise afirma que o atual processo de recomposição do capitalismo acarreta a erosão inevitável e irreversível do Estado-nação e a emergência de uma soberania pós-nacional caracterizada como uma difusa rede econômica e política, sem *locus* definido de poder, que pode ser compreendida através da noção de império. Essa noção substitui, assim, tanto aquela de imperialismo como a de Estado nacional, ao aludir a uma totalidade sem limites nem centro que abrange o conjunto da vida e das relações sociais. Nesse sentido, o império não possui uma base nacional específica, senão transnacional (organismos multilaterais, empresas multinacionais). Em consonância com isso, as formas de resistência (e de contrapoder) que este gera, tendem a se desenvolver tanto ao nível local como supranacional.

Para muitos autores, é necessário pensar a definição de uma agenda pós-neoliberal que coloque no centro a necessidade de reinventar o Estado e a democracia participativa sobre novas bases solidárias. Nesse viés, longe de considerar o Estado na sua forma tripla atual (patrimonialista, assistencialista e repressivo), deve a experiência da ação coletiva recuperar a dimensão contraditória do Estado — espaço de disputa e confrontação entre diferentes atores sociais, definidos assimetricamente em termos de recursos e poder. O regime político a que o Estado se encontra confinado já não pode garantir o caráter democrático das relações políticas no espaço público não estatal. Isso exige uma nova articulação entre Estado e sociedade civil a partir da vinculação entre democracia representativa e democracia participativa.

Não se deve ignorar que, embora insuficientes, as mudanças recentes no direito internacional (particularmente em matéria de proteção dos direitos humanos) e as inovações institucionais da União Européia constituem referências obrigatórias para um alargamento da noção de cidadania e para a ampliação dos mecanismos democráticos de legitimidade e responsabilidade política além das fronteiras territoriais do Estado-nação.

2.5 Uma Nova Ordem Global?

Um ponto importante a ser analisado é a questão de saber se o Estado-nação continua, na prática, sendo o centro de pensamento democrático. É importante, ainda, perceber até que ponto os nascentes mecanismos de controle e regulação que estão emergindo nos novos espaços públicos internacionalizados e globalizados prevêem e asseguram a participação de indivíduos e grupos nos processos de decisão que afetam seus interesses e valores.

Três questões essenciais podem ser colocadas para explicitar a natureza da atual ordem global:

1) Quais as principais transformações sofridas pelo Estados Nacionais com o processo de globalização?

2) Que mudanças estão ocorrendo na estrutura das relações interestatais?

3) Quais instituições podem oferecer a base para a participação democrática nos processos de decisão concernentes aos problemas globais?

Em relação à primeira questão, é de suma importância considerar que houve um aumento no número de Estados liberais e democráticos. Pela primeira vez na vida de milhares de pessoas, elas desfrutaram da experiência liberal-democrática de participação política sem temer a coerção e tendo a oportunidade de votar de forma livre. Apesar disso, para milhares de pessoas não houve nenhuma melhora notável e, em alguns casos, houve uma drástica redução na qualidade das associações políticas.

Um caso são as guerras civis, a que até mesmo o Estado mais consolidado está sujeito. Conflitos étnicos e ressurgimento do nacionalismo ameaçam os dois maiores compromissos dos Estados: a manutenção da paz doméstica e a proteção à segurança e à propriedade de seus cidadãos. Na perspectiva da política doméstica, a nova ordem global tem duas faces: ampliou a democracia, mas revelou tensões internas aos Estados. Ao impor uma forma limitada de autonomia na vasta maioria dos Estados, o processo de globalização fez ressurgir identidades culturais antes sufocadas — identidades étnicas, religiosas, sexuais, de gênero etc.

No que diz respeito à segunda questão, deve-se ressaltar que, apesar do crescente número de Estados adotando sistemas democráticos, não houve implemento de uma democracia entre eles. Os governos nacionais continuaram a agir baseados nas suas próprias razões de Estado. A explicação para isso é parcialmente devida ao fato de que há muita incerteza quanto às regras, aos valores e às instituições necessárias para que uma maior estabilidade seja viável entre as nações.

O terceiro ponto merece uma análise mais detida. Cabe salientar que há uma disjuntiva entre o domínio formal da autoridade política e o real sistema econômico de produção, distribuição e trocas que, com os inúmeros canais regionais e globais, servem para limitar e indeterminar o poder da autoridade política nacional.

Há uma divergência entre a idéia de Estado como um ator independente e a variedade dos regimes internacionais e organizações que passaram a lidar com áreas de atividade transnacional (comércio, oceanos, espaço, etc). Novas formas de políticas multinacionais foram estabelecidas, acarretando novas formas de tomada de decisões coletivas envolvendo Estados, organizações intergovernamentais e uma variedade de grupos de pressão internacionais.

Existe, ainda, a disjuntiva entre a idéia de membro numa comunidade política nacional (cidadania), que faz recair sobre os indivíduos tanto direitos quanto deveres, e o desenvolvimento de leis regionais e internacionais cujos objetos são indivíduos, organizações não-governamentais e governos em um novo sistema de regulação. A lei internacional, além do mais, reconhece direitos e obrigações que transcendem as preocupações dos Estados nacionais. Mas, como não há mecanismos coercitivos para assegurar tais direitos e obrigações, fica difícil a obtenção das garantias. Novos problemas, regionais e globais, como o meio-ambiente, a disseminação da AIDS, a corrente de recursos financeiros que escapam da jurisdição nacional, o tráfico de drogas e o crime internacional, foram colocados para serem discutidos no planejamento político internacional. Mesmo assim, uma profunda incerteza ainda reina quando se discute a que instituições caberiam tomar decisões supranacionais e de acordo com que critérios.

Questões que transcendem as fronteiras nacionais são marcantes na nova situação internacional. Os processos de internacionalização econômica, os problemas do meio-ambiente e da proteção dos direitos humanos, são problemas da comunidade mundial como um todo. Esses novos problemas trazidos pela globalização geram desafios para a legitimidade e eficácia das novas instituições surgidas da noção de "boa governança". Nesse sentido, os mecanismos dominantes de governança global promovem novas concentrações de poder, que, sem admitir controle democrático, afetam profundamente a autonomia dos Estados individuais, impondo severas restrições à sua capacidade tradicional de integração social e nacional. Tais mecanismos de governança trouxeram as seguintes implicações:

a) a drástica reversão do papel do Estado com relação à regulação do mercado e à responsabilidade pela questão social;

b) a apatia e a desconfiança crescentes das populações em relação à política convencional e aos políticos profissionais; e

c) a dinâmica de fragmentação de identidades subnacionais e de decomposição da velha sociedade civil[13].

De um lado, as instituições da "boa governança" são contestadas por Estados, especialmente pelos menores e mais fracos, que se sentem inadequadamente consultados ou representados no seio das organizações multilaterais, o que acaba por denunciar o caráter da velha ordem hierárquica de Estados sobre a qual as instituições se apóiam. De outro, são questionadas por atores não-governamentais e por grupos de pressão domésticos que levantam, no plano global, questões importantes ligadas à democracia. Isso mostra a existência de uma tendência para o deslocamento de uma visão exclusivamente estadocêntrica das relações internacionais para uma abordagem mais global, cuja característica básica é, precisamente, a ausência, no plano mundial, de um governo central.

Este processo levou à desestabilização das identidades territoriais com base em limites física e socialmente identificáveis, gerando uma multiplicidade de novas identidades e solidariedades coletivas nacionais e supranacionais.

Desta forma, o Estado-nação, como forma dominante de identidade coletiva fundada na homogeneidade cultural, vê-se hoje cada vez mais desafiado por uma sociedade altamente pluralista ou multicultural, contando com grande diversidade de grupos étnicos, estilos de vida, visões de mundo e religiões, desenvolvidas simultaneamente nos planos infra-estatal e supra-estatal[14].

---
13 GÓMEZ, José María. *Globalização, Estado-Nação e Cidadania*. Contexto Internacional, IRI, PUC, Rio de Janeiro, 1998.
14 HABERMAS, Jürgen. *O Estado-Nação europeu frente aos desafios da globalização*. Novos Estudos, n° 43, São Paulo, nov. 1995.

2.6 O Programa Institucional da Democracia Cosmopolita

A democracia só é sustentável através de agências e organizações que se formem nos Estados, mas que sejam ligadas e comprometidas com o Direito público democrático. Para instituir um modelo cosmopolita como uma medida transnacional, é necessário que a Organização das Nações Unidas desenvolva medidas persuasivas de implementação de objetos-chave de convenções de direitos, reforçando a proibição do uso discricionário da força e ativando o sistema coletivo de segurança. Mas o sistema da ONU deveria proporcionar igualdade entre os Estados-membros, e os interesses regionais deveriam ser melhor representados. Para tanto, seria preciso a criação de Parlamentos regionais (como exemplo, na América Latina e na África) e o reforço de todos os parlamentos que já existem (assim como na Europa) a fim de que as suas decisões sejam reconhecidas, em princípio, como legítimas e independentes fontes de lei. O modelo antecipa, além disso, a possibilidade de um referendo geral de grupos através de nações e Estados-nação nos tópicos diversos como polícia, eqüilíbrio entre transporte público e privado e organização das autoridades regionais. Para que haja limites às decisões políticas democráticas a serem tomadas, é preciso que os direitos civis, políticos, sociais e econômicos sejam inseridos nas constituições dos Parlamentos tanto no nível nacional quanto internacional.

 O modelo de democracia cosmopolita, apesar de enfrentar dificuldades de organização, possibilita certas escolhas no curto prazo, assim como:
 1. Reforma no Conselho de Segurança da ONU para dar aos países em desenvolvimento uma voz significativa.

2. Criação de uma segunda câmara nas Nações Unidas após uma convenção constitucional internacional.
3. Reforço da regionalização política, como a União Européia, e o uso de um referendo transnacional.
4. Jurisdição compulsória da Corte Internacional e a criação de um novo tribunal de Direitos Humanos.
5. Fundação de uma agência de coordenação econômica nos níveis regional e global.
6. Estabelecimento de uma efetiva e viável força militar internacional.

Para mudanças a longo prazo seria preciso:
1. Reforço da lei democrática cosmopolita: um novo capítulo de direitos e obrigações referentes a questões políticas, sociais e econômicas.
2. Um Parlamento global.
3. Um sistema legal global interconectado.
4. O objetivo de desmilitarização.

Enfim, a concepção cosmopolita de democracia depende da força da democracia por meio de comunidades e de associações civis na elaboração de programas e ações democráticas a partir de fora, através de uma rede de agências e assembléias nacionais e internacionais que vão além de locais espacialmente delimitados. Cumpre ressaltar que a forma de organizar a comunidade internacional politicamente em bases democráticas interessa diretamente aos Estados — especialmente àqueles que não participam das decisões centrais nem usufruem de seus benefícios — que, cada vez mais, necessitam de leis universais que ordenem e regulem as forças globais do mercado e a ação das potências dominantes. A democratização das formas de governança nos planos internacional e global seria uma maneira de avançar, não só na direção de uma "ordem pacífica", como pregava Kant, mas de uma ordem mundial menos hierarquizada em termos de distribuição real de poder e de bens, mais pluralista e cooperativa.

2.7 Cidadania e Governança Global

Com o enfraquecimento do Estado nacional pelo processo de globalização, como ficam os direitos de cidadania tradicionalmente por ele assegurados? Constatamos duas posições básicas. A primeira se entrincheira na defesa do Estado nacional contra o processo de globalização, considerado muitas vezes um mal em si mesmo. A segunda compreende a tendência à formação de configurações pós-nacionais e defende a criação e fortalecimento de instituições jurídicas e políticas supranacionais. É a chamada governança global, que não se confunde com a idéia de governo mundial.[15]

A noção de governança global, às vezes, é identificada com a noção de regime, outras vezes, com a noção de organização internacional ou, ainda, com a de ordem mundial. De modo geral, contudo, por ter nascido no quadro de uma visão crítica em relação ao Estado, assumiu uma conotação preponderantemente neoliberal. Essas vertentes surgiram como resposta aos que consideram uma disfuncionalidade do poder público e tendem a valorizar outros interlocutores, especialmente privados, pregando o Estado mínimo como forma "saudável" de governança, de acordo com o modelo de empresa privada.

O cerne da argumentação é que, com a complexidade do mundo atual, o Estado teria perdido boa parte de sua

---

15 VIEIRA, Liszt. Os *Argonautas da Cidadania*. Editora Record, Rio de Janeiro, 2001.

capacidade de prever as conseqüências de suas ações e, portanto, de ditar normas e aplicá-las, sendo-lhe assim difícil responder à diversidade de demandas da sociedade. Radicalizando o argumento, o Estado teria apenas conservado uma aparência de poder, já que os mercados internacionais se constituiriam nos verdadeiros árbitros das políticas possíveis, sendo suas decisões tomadas por operadores fechados em suas instituições especializadas, indicando, com isso, que a economia globalizada teria se libertado da política tradicional e encontrado formas próprias que assegurariam o ordenamento do sistema.

Desse modo, fica claro que o que está em jogo atualmente não é apenas a importância do Estado ou sua liberdade para agir em um universo de Estados, mas a própria relevância desse sistema de Estados e sua liberdade para agir em um universo de sociedades. Portanto, uma vertente neoliberal se apóia na idéia de "governança sem governo" e contrapõe-se a outra que aponta para a idéia de formas de regulação e ordenamento que atuam em diferentes planos, constituindo uma "governança com múltiplos níveis de governo".

Certos autores, como Paul Hirst e Grahame Thompson[16], afirmam que o sistema internacional teria passado a ser não mais simplesmente um sistema de Estados e sim uma estrutura plural, ou melhor, plurilateral, composta de blocos regionais, regimes reguladores, agências internacionais e transnacionais e políticas comuns legitimadas por tratados. Para estes autores, o Estado nacional, apesar de ver sua força e autoridade compartilhadas com outras instâncias de poder localizadas fora de seu território, não teria se tornado uma simples modalidade, dentre outras, de po-

---

16 HIRST, Paul & THOMPSON, Grahame. *Globalization in Question*. Polity Press, Cambridge, 1996.

der local ou de agência política internacional, em um sistema com multiplicidade de poderes e instâncias reguladoras. Exatamente por ser Estado nacional, isto é, por estar ligado tanto ao território quanto à população, teria permanecido como eixo central de mediação entre as agências internacionais e globais e as atividades nacionais e locais, criando uma efetiva governança em âmbito mundial.

Assim, questiona-se acerca de que maneira — já que as formas de autoridade estão sofrendo contínua realocação e não há um governo mundial centralizado — uma governança global efetiva poderia ser exercida. Além disso, considerando que a governança implica um sistema de normas e regras, quem as elaboraria e implementaria em um contexto descrito como constituído de múltiplos e diferentes sistemas normativos?[17]

Os cidadãos não podem mais controlar suas vidas coletivas apenas com políticas nacionais. Tendo em vista o chamado déficit democrático das organizações internacionais, só a cidadania transnacional pode assegurar o controle democrático das organizações internacionais. O Estado soberano é impotente diante de fenômenos transnacionais nocivos.

A cidadania, desvinculada do Estado, seria investida em novas estruturas de cooperação internacional, configurando diversas esferas públicas. A sobrevivência da cidadania nacional requer, assim, a criação de formas pós-nacionais de organização política, em que todos sejam co-legisladores de uma esfera pública transnacional.

Todos somos parte de uma sociedade de riscos. Com ela se deparam os cidadãos do mundo, lutando por democracia, sustentabilidade e diversidade, agrupados em torno

---

17 ROSENAU, James N. *The United Nations in a Turbulent World.* Lynne Rienner Publishers, Boulder, 1992.

de uma sociedade civil global emergente, num espaço público transnacional nascente, onde enfrentam as forças dominantes do Estado e do mercado. Qual seria o futuro dos Estados e das comunidades nacionais em uma configuração internacional pós-vestfaliana em que múltiplas lealdades e formas de autoridade, de caráter transnacional e global, coexistem com instâncias clássicas em um novo modelo de organização política mundial?[18]

2.8 A Crise de 2008: A Brecha

A crise econômica e financeira que se iniciou nos EUA em 2008 contaminou todos os países, espalhando-se por todo o mundo. Como a economia mundial está globalizada, não existe nenhuma ilha autárquica, onde Robinsons Crusoés solitários pudessem sobreviver fora do mercado.

Isso não significa, porém, que todos os países tenham sofrido o impacto da crise de igual maneira e que possam reagir de forma semelhante. É claro que, como o processo de globalização é desigual e combinado, a crise terá profundidade e intensidade diferentes, conforme a situação econômica de cada país.

A dinâmica da globalização é dada pelos países centrais, que foram os primeiros a entrar em crise, ao estourar a bolha de seus mercados financeiros. Bancos e instituições financeiras até então respeitáveis — Lehman Brothers, Citibank, Bank of América, etc. — e empresas industriais de grande porte — General Motors, Ford e muitas outras — ameaçaram entrar em falência e correram para pedir socorro aos governos dos países centrais.

---

[18] LINKLATER, Andrew. *The Transformation of Political Community: Ethical Foundations of the Post-Westphalian Era.* University of South Carolina Press, Columbia, 1998.

Durante décadas, predominou soberana a teoria do livre mercado, que nega a regulação e supervisão do Estado, propõe o Estado mínimo e afirma que o mercado aloca os recursos no melhor dos mundos possível. O pensamento único, inspirado no Consenso de Washington, foi reproduzido pela mídia, cujos comentaristas repetiam a proposta de redução dos gastos públicos e do tamanho do Estado, exaltando o mercado como solução para o crescimento econômico.

A doutrina neoliberal ficou inteiramente desmoralizada. Os neoliberais, que ainda continuam no poder, vivem o paradoxo de apelar para o Estado em nome do mercado livre. Mas o que se discute hoje é o novo papel do Estado como regulador da economia. Keynes foi ressucitado e o New Deal de Roosevelt voltou ao noticiário.

Os neoliberais fizeram o contrário do que sempre apregoaram. Trilhões de dólares foram despejados no mercado financeiro, em enormes operações realizadas pelos bancos centrais dos EUA e da Europa.

Falências, quedas na taxa de lucro, na produção e no consumo, demissões em massa, aumento do desemprego. Em 2008, iniciou-se nos EUA a maior crise econômica mundial desde o *crash* de 1929. Velhos fantasmas ressurgiram: o protecionismo que, na prática, nunca desapareceu, apesar do discurso do livre comércio, e a xenofobia contra os imigrantes que disputam o mercado de trabalho com os trabalhadores nacionais. São exemplos disso o "Buy American", promovido no início do governo de Barack Obama, e o "British jobs for British workers", lançado na Inglaterra pelos trabalhadores britânicos.

O processo de globalização, de dominância financeira neoliberal, entrou em profunda crise. Há quem fale de "desglobalização", com retomada de poder por parte dos

Estados nacionais, que seriam fortalecidos com o fracasso retumbante dos mercados. Para outros, porém, a fraqueza dos Estados nacionais nas últimas décadas não lhes permite reassumir um papel de preponderância na orientação das políticas globais comandadas pelo capitalismo financeiro e pelas empresas transnacionais.

Ao insinuar que a solução para o tumulto econômico gerado pela crise é outra dose de mercado livre e aberto, os discursos oficiais dos países centrais deixam de lado as verdadeiras causas da crise atual. Em todo o mundo, erguem-se vozes clamando por uma nova abordagem para resolver os problemas da economia global, rejeitando a falácia do "mais do mesmo".

A globalização nos últimos trinta anos baseou-se precisamente na liberalização e desregulação dos mercados existentes, além da criação de novos mercados onde nada existia antes. O consenso de Washington e o seu herdeiro, o Fórum Econômico de Davos, promoveram a abertura forçada de muitas economias emergentes à concorrência internacional, a ampla privatização de serviços públicos e empresas estatais, bem como a concessão de novos privilégios para os bancos e grandes instituições financeiras. Estamos agora presenciando o caos provocado por essa desregulação financeira em grande escala.

O caos sistêmico e a perda de governança econômica, agravada pelo aumento do desemprego, ocorrem em um quadro de crises mais amplas que se avizinham, particularmente nos planos social, climático, energético, alimentar, de água e outros[19].

---

[19] DOWBOR, Ladislau. *A crise financeira sem mistérios: convergência dos dramas econômicos, sociais e ambientais*. Carta Maior, 11/02/2009.

O planeta está ameaçado, a humanidade mais ainda. O papel do Estado tende a ser resgatado como articulador de um desenvolvimento mais justo e mais sustentável, e com forte participação da sociedade civil organizada. A tendência é ficar cada vez mais claro que um outro mundo é possível e necessário, conforme vem apregoando o Fórum Social Mundial em seus diversos encontros.

Em novembro de 2008, logo após a eleição de Obama, o Conselho de Inteligência Nacional dos EUA (NIC) publicou suas estimativas sobre como seria o mundo em 2025. Segundo a previsão desse Instituto, em 2025 os EUA, ainda que mantivesse seu papel de ator poderoso, já não seria a potência dominante. O mundo seria multipolar e menos monocêntrico, e o poder dos atores não-estatais cresceria. Isso poderia ser o prelúdio de uma fragmentação da economia global em estruturas hegemônicas regionais.

Assim, o fortalecimento dos Estados em relação ao mercado, no pós-crise, embora possa ocorrer em um ou outro país emergente, não deve implicar o fortalecimento do Estado nacional, em escala internacional. Mais provável é o fortalecimento das dinâmicas regionais supranacionais frente às dinâmicas globais.

A crise iniciada em 2008 é um forte sintoma do esgotamento de um modelo de globalização baseado exclusivamente nos interesses econômicos do mercado. Pode ser uma brecha para uma outra globalização que leve em conta as reivindicações da sociedade civil e dos movimentos sociais, contemplando os interesses econômicos, sociais e culturais da maioria da população.

PARTE II
UNIÃO EUROPÉIA

PARTE II
UNIÃO EUROPEIA

1. INTRODUÇÃO HISTÓRICA

A União Européia não pode ser considerada uma federação. Seus Estados-membros são, de fato, soberanos. Ela, no entanto, já ultrapassou, em muito, o nível organizacional de uma mera instituição de cooperação entre governos, como é o caso da Organização das Nações Unidas, por exemplo. A UE é hoje uma organização supranacional que possui um caráter único. É o bloco regional mais consolidado na atualidade; o seu estágio de integração atual é tão alto que propiciou a adoção de uma moeda comum (o euro) e o início de discussões sobre uma possível Constituição de caráter continental. Tudo isso demonstra o avanço do Bloco Europeu em relação aos demais. Sua criação se deu através de um processo complexo de tratados que pretendiam realizar a integração européia atuando em três frentes: econômica, política e social.

1.1 Por que na Europa?

Qual seria a razão para o processo de integração ter ocorrido de tal modo na Europa? Quais seriam os motivos que levaram a Europa a criar um ente supranacional tão evoluído como a União Européia?

Três características especiais da Europa ocidental merecem atenção particular. Primeiro, a definição do dilema da segurança na Europa Ocidental — que aconteceu por meio da formação de uma comunidade de segurança entre os Estados europeus e pelo consenso de que a União Soviética era mais uma superpotência em declínio que uma ameaça viva — removeu um dos principais problemas da agenda política européia.

A segunda característica é a densidade geográfica e populacional da Europa — nos anos 80, havia uma dúzia de Estados nacionais com uma população de mais de 300 milhões, espremidos em uma área comparada com a costa norte dos Estados Unidos. Essa proximidade fez com que a população dos Estados nacionais tivesse uma experiência particularmente intensa de integração social e econômica. Em outras palavras, o processo de globalização foi intensificado pelas particularidades geográficas do continente europeu.

Em terceiro lugar, os governos dos Estados nacionais se beneficiaram do aparato institucional das diversas Comunidades Européias para enfrentar os problemas causados pela transformação tecnológica e social advinda da globalização.[20]

1.2 A História Através dos Tratados

O início do Bloco se deu formalmente com a entrada em vigor do Tratado de Maastricht, em 1º de novembro de 1993. A sua criação é, no entanto, resultado de décadas de

---

20 WALLACE, William. *The Sharing of Sovereignty: The European Paradox*. Political Studies XLVII, Number 3, *Special Issue* 1999, p. 503-521.

evolução na direção da integração européia. Pode-se dizer que o marco inicial da construção de um sistema integrado supranacional na Europa se deu com o fim da Segunda Guerra Mundial. Nesse período, as nações européias tinham dois objetivos principais: reconstruir o continente e assegurar a paz entre os Estados europeus (vencedores e vencidos). Para que isso fosse possível, surgiu a idéia de integrar as nações européias em um sistema institucional comum, fundado nos princípios da cooperação e da igualdade. A partir daí, surgiram os ideais de Jean Monnet (político francês visto por muitos como o arquiteto da unidade européia) e Robert Schuman (importante político francês que exerceu o cargo de primeiro ministro entre 1947 e 1948): as suas teorias advogavam que as economias dos países europeus eram complementares e que, portanto, era necessário constituir um modelo federativo que permitisse a integração das economias exauridas da Europa do pós-guerra, a fim de assegurar prosperidade e o desenvolvimento social crescentes. Os ideais federativos de Monnet e Schuman não prevaleceram, porém, a semente estava plantada e, em 1951, foi dado o primeiro passo no caminho da integração com a assinatura do Tratado de Paris — tendo entrado em vigor em 1952, e cuja vigência terminou em 2002 — que criou a Comunidade Européia do Carvão e do Aço (CECA), composta por Bélgica, República Federal da Alemanha, França, Itália, Luxemburgo e Países Baixos. Em 1957, foi assinado o Tratado de Roma, que criou a Comunidade Econômica Européia (CEE), e o Tratado que instituiu a Comunidade Européia da Energia Atômica (EURATOM), ambas reunindo os mesmos seis países.

De 1957 a 1995 a "Europa dos Seis" transformou-se em "Europa dos Quinze", com a incorporação da Grã-Bretanha, Irlanda e Dinamarca (1973); Grécia (1981); Portugal e Espanha (1986); e Áustria, Finlândia e Suécia (1995). Outra evolução importante para a União Européia foi a entrada em vigência, em 1987, do Ato Único Europeu, que estabeleceu as bases para a entrada em vigor, em 1992, do Mercado Único Europeu. Por meio dele, a Europa Comunitária passou a permitir, a partir de 1º de janeiro de 1993, entre seus associados, a livre circulação de mercadorias, serviços, mão-de-obra e capitais. Em 7 de fevereiro de 2002, foi assinado o Tratado de Maastricht — Tratado da União Européia —, em vigor a partir de 1º de novembro de 2003, cujos principais objetivos são a união econômica e monetária dos Estados membros da UE, a definição e execução de uma política externa e de segurança comuns, a cooperação em assuntos jurídicos e a criação de uma "cidadania européia"[21].

Foi em 1998 que se iniciou uma nova etapa na ampliação da UE. Nesse ano, foi realizado o *screening* (avaliação pormenorizada de cada país candidato ao ingresso à luz das normas comunitárias) em dez países: Estônia, Letônia, Lituânia, Polônia, Eslováquia, República Tcheca, Hungria, Eslovênia, Chipre e Malta. Estes países somente tiveram a sua adesão formalizada em 2004[22]. Importante ressaltar

---

21 Na cidade holandesa de Maastricht, chefes de Estado reunidos em sessão do *Conselho Europeu* (em 1991) aprovaram o projeto de um tratado para a UE com o objetivo claro de dar um passo significativo no processo de aprofundamento e ampliação da integração. Além de traçar metas para uma maior integração econômica e monetária, neste tratado foi criada a "cidadania européia".

22 A Antiga República Iugoslava da Macedônia, a Croácia e a Turquia têm o estatuto de países candidatos. As negociações de adesão com a Croácia e a Turquia foram encetadas em 3 de outubro de 2005. Os países dos Balcãs Ocidentais (Albânia; Bósnia e Herzegovina; Sérvia; e Montenegro, incluindo o Kosovo, sob a égide das Nações Unidas), empenhados no processo de estabilização e de associação, têm o estatuto

que qualquer país que apresente a sua candidatura para aderir à União Européia deve respeitar as condições impostas pelo artigo 49 e os princípios do inciso 1º do artigo 6º do Tratado da UE[23]. Nesse contexto, em 1993, o Conselho Europeu, em Copenhague, formulou critérios que foram reforçados para a admissão de novos países, quando do Conselho Europeu, em Madrid, em 1995. Mais recentemente, em 1º de janeiro de 2007, aderiram à União Européia também a Bulgária e a Romênia. Com a adesão desses países, a UE conta hoje com 27 Estados membros.

A temática social passa a receber especial atenção a partir do Tratado de Amsterdã, assinado em 2 de outubro de 1997 e em vigor desde 1º de maio de 1999. Emprego, direitos sociais, saúde e imigração são as principais questões abarcadas por esse tratado, que, além disso, consolidou os avanços obtidos em Maastricht e deu o primeiro passo

---

de países candidatos potenciais. Em 1972 e 1994, a Noruega assinou também tratados de adesão à UE. No entanto, nas duas ocasiões, a população norueguesa, consultada por referendo, rejeitou a adesão de seu país.

23 Tratado da União Européia
"Artigo 49. Qualquer Estado europeu que respeite os princípios enunciados no nº 1 do artigo 6º pode pedir para se tornar membro da União. Dirigirá o respectivo pedido ao Conselho, que se pronunciará por unanimidade, após ter consultado a Comissão e após parecer favorável do Parlamento Europeu, que se pronunciará por maioria absoluta dos membros que o compõem. As condições de admissão e as adaptações dos Tratados em que se funda a União, decorrentes dessa admissão, serão objeto de acordo entre os Estados-Membros e o Estado peticionário. Esse acordo será submetido à ratificação de todos os Estados contratantes, de acordo com as respectivas normas constitucionais."
"Artigo 6º — 1. A União assenta nos princípios da liberdade, da democracia, do respeito pelos direitos do Homem e pelas liberdades fundamentais, bem como do Estado de Direito, princípios que são comuns aos Estados-Membros."

para a criação de uma política ambiental comunitária. Com este tratado, foram estabelecidas, ainda, as bases para o fortalecimento da política externa e da segurança comum, instauradas pelo tratado de Maastricht, e o início de uma política progressiva de defesa comum. Apesar de todos esses avanços, a dimensão econômica e a estrutura institucional da União Européia permaneceram praticamente inalteradas.

Em janeiro de 1999, foi introduzido o Euro, a moeda única européia, em onze países participantes (Alemanha, França, Itália, Bélgica, Luxemburgo, Holanda, Portugal, Espanha, Irlanda, Áustria e Finlândia), que provocou a perda total do valor legal das moedas nacionais e a conversão de todos os ativos financeiros dos países participantes para o Euro. Reino Unido, Dinamarca e Suécia optaram por não participar, pelo menos inicialmente, da "zona euro". A Grécia, por sua vez, só aderiu à moeda única em 2000 por não atender às exigências básicas impostas pelo Tratado de Maastricht ao tempo de sua assinatura.

A partir de 2008, estes são os países que utilizam o Euro: Áustria, Bélgica, Chipre, Finlândia, França, Alemanha, Grécia, Irlanda, Itália, Luxemburgo, Malta, Países Baixos, Portugal, Eslovênia e Espanha.[24]

Em fevereiro de 2003, entrou em vigor o Tratado Europeu de Nice, assinado em 26 de fevereiro de 2001, conseqüência da Conferência Intergovernamental (CIG) realizada em fevereiro de 2000 cujo objeto era a adaptação do funcionamento das instituições européias antes da chegada de novos Estados-membros. A "Declaração respeitante ao futuro da União", anexa ao Tratado, fixa as iniciativas apropriadas para dar seguimento às reformas institucionais e

---

24 COMO FUNCIONA A UNIÃO EUROPÉIA — Guia das Instituições da União Européia. Serviço das Publicações Oficiais das Comunidades Européias, Bruxelas, 2008, p. 38.

para que o Tratado de Nice constitua apenas uma etapa desse processo. A Constituição Européia seria o culminar desse processo de reforma da União. Uma vez a Constituição em vigor, o Tratado de Nice seria revogado e substituído pelo Tratado que estabelece uma Constituição para a Europa. Apesar de a proposta final deste Tratado ter sido efetivamente apresentada[25], é possível verificar no quadro abaixo que o processo de ratificação foi conturbado e a Carta Constitucional acabou por não ser aprovada por todos os Estados-membros como seria necessário para a sua entrada em vigor[26]:

País	Convocatória	Via Parlamentar	Via Referendo	Votos a favor	Votos contra	Resultado
Alemanha	2005	Sim	Não	569	23	Aprovada
Áustria	2005	Sim	Não	59	3	Aprovada
Bélgica	2005	Sim	Não	81	29	Aprovada
Chipre	2005	Sim	Não	30	19	Aprovada
República Checa	-	Não	Sim	-	-	-
Dinamarca	27 de Setembro 2005	Não	Sim	-	-	-
Eslováquia	2005	Sim	Não	116	27	Aprovada

25 O projeto do Tratado Constitucional foi apresentado em julho de 2003 e assinado em outubro de 2004, em Roma.

26 Vale lembrar que o Tratado Constitucional dependia, para entrar em vigor, da ratificação de cada Estado-membro. Essa ratificação tomaria diferentes formas, dependendo das constituições e processos políticos dos estados membros. A Constituição Irlandesa, por exemplo, determina que seja realizado um referendo para decidir sobre todos os tratados internacionais, ao passo que a Constituição Alemã proíbe qualquer referendo.

País	Data			Resultado		Aprovação
Eslovênia	1 de Fevereiro 2005	Sim	Não	79	4	Aprovada
Espanha	20 de Fevereiro 2005	Sim	*Sim	76,7%	17,2%	Aprovada
Estónia	-	Sim	Não	73	1	Aprovada
Finlândia	2005	Sim	Não	125	39	Aprovada
França	29 de Maio 2005	Não	Sim	45%	55%	**Reprovada**
Grécia	19 de abril 2005	Sim	Não	268	17	Aprovada
Hungria	20 de Dezembro 2004	Sim	Não	304	9	Aprovada
República da Irlanda	2005	Não	Sim	-	-	-
Itália	6 de abril 2005	Sim	Não	217	16	Aprovada
Letónia	2005	Sim	Não	71	5	Aprovada
Lituânia	11 de Novembro 2004	Sim	Não	84	4	Aprovada
Luxemburgo	10 de Julho 2005	Não	Sim	56,5%	43,5%	Aprovada
Malta	2005	Sim	Não	65	0	Aprovada
Países Baixos	1 de Junho 2005	Não	Sim	38,4%	61,6%	**Reprovada**
Polónia	2005	Não	Sim	-	-	-
Portugal	9 de Outubro 2005	Não	Sim	-	-	-
Reino Unido	2006	Não	Sim	-	-	-
Suécia	2005	Sim	Não	-	-	-

(*)= O Governo decidirá e organizará uma consulta popular não vinculativa.

O "não" da França e da Holanda, nos referendos realizados em 29 de maio e 1º de junho de 2005, respectivamente, caiu como uma bomba no processo de estabelecimento da Constituição Européia; especialmente, pelo fato de se tratar de países fundadores, signatários do Tratado de Roma, e de ter a França desempenhado papel fundamental na construção européia, tendo sido a sua primeira inspiradora. Após a rejeição destes dois países e a aprovação parlamentar na Letônia, logo em 2 de junho do mesmo ano, ficaram por concluir treze processos de ratificação: Dinamarca, Luxemburgo, Irlanda, Portugal, Reino Unido, República Tcheca, por meio de referendo; Chipre, Malta, Suécia, Bélgica (cujo processo de ratificação já se encontrava bastante adiantado), Estônia e Finlândia, pelos Parlamentos; e Polônia, onde ainda não havia decisão sobre a fórmula a ser adotada.

Com a intenção de se evitar que um "efeito dominó" ocorresse, os 25 Estados-membros decidiram suspender o processo de ratificação, por meio do início de um "período de suspensão", tendo o Governo britânico tomado a iniciativa, em 6 de junho de 2005, de formalizar a suspensão.

No entanto, deu-se continuidade ao processo de ratificação nos países em que ele já tinha sido iniciado. Com efeito, os Parlamentos do Chipre e Malta aprovaram a Constituição em 30 de junho e 6 de julho de 2005, respectivamente. Em Luxemburgo, foi realizado um referendo, que já estava marcado para julho do mesmo ano, obtendo resultado positivo. O Parlamento belga aprovou a Constituição em 8 de fevereiro de 2006[27]; já o Parlamento da

---

27 EFE. *Bélgica ratifica Constituição européia*. 8/2/2006. Disponível em: http://noticias.uol.com.br/ultnot/efe/2006/02/08/ult1808 u58782.jhtm (consulta realizada em 27/12/2008).

Estônia o fez em 9 de maio de 2006.[28] A Finlândia, por sua vez, deu sua aprovação em de 5 dezembro de 2006.[29] Assim, dos 25 Estados signatários do Tratado Constitucional, em Roma, em 2004, praticamente, 16 países ratificaram a Contituição Européia.[30] Somam-se a estes, a Romênia e a Bulgária, que ratificaram o referido documento em 11 e 17 de maio de 2005, respectivamente, como preparação para a sua entrada na UE, em 1º de janeiro de 2007.

A hipótese de repetição dos referendos francês e holandês chegou a ser cogitada, mas era evidente que a expressão dos resultados negativos nos dois países havia produzido um efeito muito grave, deixando virtualmente morto o Tratado Constitucional.

Impossível compreender a crise causada pelas rejeições populares à ratificação do Tratado da Constituição, sem a observação do contexto histórico da UE, incluindo-se aí outros períodos de crises como na ocasião da ratificação do Tratado de Maastricht.

Na tentativa de promover importantes passos para o fortalecimento da união política da região, o processo de ratificação do Tratado de Maastricht fez revelar um desconhecimento popular e um significante grau de resistência e precaução quanto ao modelo de integração que avançava,

---

28 BBC NEWS. *Estonia ratifies EU constitution.* 9/5/2006. Disponível em: http://news.bbc.co.uk/2/hi/europe/4753209.stm (consulta realizada em 27/12/2008).

29 *BBC NEWS. Finland ratifies EU constitution.* 5/12/2006. Disponível em: http://news.bbc.co.uk/2/hi/europe/6210098.stm (consulta realizada em 28/12/2008).

30. Em 14 países, o processo de ratificação foi concluído; nos dois outros — Alemanha e Eslováquia —, ainda pendia a assinatura dos respectivos presidentes.

fazendo surgir uma profunda crise na integração européia. O grande símbolo desta crise foi a rejeição popular dinamarquesa, numa das primeiras consultas populares sobre qualquer passo da integração desde seu início. A Dinamarca, que tinha sérias restrições aos resultados do Tratado de Maastricht, preferiu entregar à sociedade o poder de decisão final, levando em conta que a aprovação do Tratado implicaria mudanças no cotidiano social e na sua política doméstica. A resposta negativa do eleitorado teve grande impacto nos planos de integração. Vale lembrar que o Tratado de Maastricht tinha como um dos objetivos principais a criação de uma cidadania européia com capacidade para iniciar a democratização e dar legitimidade social ao processo de integração. O "não" dinamarquês significava que existia divergência entre os anseios populares e os interesses governamentais na unificação.

O resultado do referendo francês não redimiu esta crise, pois apenas 51% dos votantes no referendo francês disseram "sim" ao tratado. Paralelamente, a opinião pública alemã e a britânica deixaram clara uma considerável oposição, fazendo com que, de todos os tratados reformadores da União até então, este tenha sido o mais difícil de ser aprovado[31]. O curioso nesta história é que se esperava exatamente o contrário: um momento de fortalecimento do projeto e de legitimação social do seu aprofundamento.

Podemos identificar razões semelhantes às que levaram à crise de Maastricht na resistência ao projeto de criação de uma Constituição Européia. Sabemos que o processo de integração não obteve participação popular; entretanto, sabemos também que valores e crenças são construídos socialmente e podem gerar estratégias de ação coletiva. As-

---

31 HARTLEY, T.C., *The Foundations of European Community Law*, Oxford University Press, 1998, New York.

sim, a criação de uma cidadania e de um ordenamento jurídico de caráter regional visa reforçar, além dos instrumentos legais e institucionais, características de similaridades e de coincidências de idéias, interesses, crenças e valores entre os cidadãos que integram os Estados-membros da UE. Os esforços comunitários para a aprovação de uma carta política comum podem ser explicados pela necessidade de promover comoção nas sociedades dos Estados-membros em nome da legitimação do processo de integração e garantir, com isso, maior eficácia para as suas políticas. De fato, existe pouco que a Constituição Européia pode trazer de novo para os poderes exercidos pelas suas instituições. O projeto de construção de uma identidade social e o reconhecimento da união política e legal por parte das sociedades nacionais é o que justifica a preocupação que as instituições européias têm tido em estabelecer uma Constituição que, como sabemos, trata-se de um tratado internacional.

Com o escopo de solucionar o impasse gerado pela rejeição da França e da Holanda, os Estados-membros convocaram reunião do Conselho Europeu, realizada em Bruxelas, em junho de 2007, para decidir quais seriam os caminhos futuros a serem trilhados pela UE. A solução encontrada foi um "Tratado Reformador"[32]-[33], que incluiria nos

---

32 As conclusões da Presidência do Conselho Europeu estão disponíveis para consulta em: "http://www.consilium.europa.eu/ueDocs/cms_Data/docs/pressData/pt/ec/94941.pdf" (consultado em 17/07/2007).

33 Para que o projeto de Tratado Reformador fosse aprovado unanimemente, as pretensões britânicas tiveram de ser atendidas. O governo do Reino Unido criou quatro "linhas vermelhas", ou seja, quatro questões com as quais não concorda na redação do novo tratado: a figura de um ministro dos Negócios Estrangeiros da UE (substituída agora pela de

textos dos Tratados de Maastricht e Nice as conclusões da Conferência Intergovernamental (CIG) realizada em 2004, sem a necessidade de aprovação de um Tratado Constitucional. A reunião de junho de 2007 deu mandato à CIG, que seria realizada ainda no mesmo ano, para formular as propostas de alteração nos tratados vigentes. O entusiasmo dos burocratas e políticos europeus com a aprovação da proposta de um tratado reformador pode ser resumida pela afirmativa do presidente francês Nicolas Sarkozy, em entrevista concedida em Estrasburgo, em 10/7/2007: "A Europa estava em perigo, soterrada pelas recorrentes crises, minada pela desconfiança dos povos e pela dúvida. Acredito que tenha se salvado"[34].

Assim, em 13 de dezembro de 2007, foi assinado na capital portuguesa o Tratado de Lisboa, que traz uma série de mudanças na estrutura da UE. Segundo os líderes dos Estados, o Tratado pode contribuir para acabar com a crise econômica e institucional impulsionada pelo ingresso de novos países na União.

O Tratado, na realidade, veio substituir a Constituição. É uma versão menos ambiciosa da Constituição Européia. Foram retiradas menções a símbolos nacionais, como a bandeira, o hino e o lema, e modificados nomes de cargos que poderiam sugerir o surgimento de um super-Estado. Todavia, pode-se dizer que o novo tratado manteve as linhas básicas do projeto constitucional. Como, no entanto, o Tratado da União Européia e o Tratado sobre o Funcionamen-

---

um Alto Representante da UE para a Política Estrangeira); as alterações das competências no sistema judiciário e no sistema de impostos e benefícios sociais; e o caráter vinculativo da Carta de Direitos Fundamentais (que prevê um regime de exceção no caso britânico).
34 Disponível em "http://dn.sapo.pt/2007/07/08/nacional/esquerda_batese_pelo_referendo.html" (consultado em 11/07/2007).

to da União não têm caráter constitucional, esta mudança refletiu-se na terminologia utilizada em todos os textos dos Tratados: não foi utilizado o termo "Constituição", foram abandonadas as denominações "lei" e "lei-quadro" e foram mantidas as atuais denominações dos atos normativos da União — "regulamentos", "diretivas" e "decisões". No tocante à primazia do Direito da UE, a Conferência Intergovernamental aprovou uma Declaração remetendo para a atual jurisprudência do Tribunal de Justiça da UE.

As principais mudanças trazidas pelo Tratado foram:

• Inclusão de duas cláusulas substantivas de alteração ao Tratado da União Européia (Tratado de Maastricht) e ao Tratado que institui a Comunidade Européia (Tratado de Roma), respectivamente. O Tratado da União Européia conservou a atual denominação, passando o Tratado que institui a Comunidade Européia a ser designado Tratado sobre o Funcionamento da União, dado que a União é dotada de uma personalidade jurídica única. O termo "Comunidade" foi substituído em todo o texto por "União". Afirmou-se que ambos os Tratados constituem os Tratados em que se funda a União, e que esta substitui e sucede a Comunidade.

• Criação da função de Presidente do Conselho Europeu, que será eleito pelos 27 Estados para um mandato de dois anos e meio, prorrogáveis por mais um mandato.

• Introdução de uma relação direta entre a eleição do Presidente da Comissão e os resultados das eleições européias; previu novas disposições para a futura composição do Parlamento Europeu e para uma Comissão reduzida e introduziu regras mais claras no que se refere ao reforço da cooperação e às disposições financeiras.

• O Parlamento Europeu, eleito diretamente pelos cidadãos da União Européia, ganhou novos poderes importantes no que tange à legislação, ao orçamento da União e aos acordos internacionais. Em especial, o alargamento do processo de co-decisão, em relação à maior parte da legislação da UE, colocou o Parlamento Europeu em pé de igualdade com o Conselho Europeu.

• A votação por maioria qualificada no Conselho foi alargada a novas áreas políticas para acelerar o processo de tomada de decisão. A partir de 2014, o cálculo da maioria qualificada basear-se-á numa dupla maioria de Estados-membros e de população. Para ser aprovada por dupla maioria, uma decisão deve receber o voto favorável de 55% dos Estados-membros representando, pelo menos, 65% da população da União[35].

• Criação do cargo de Alto Representante para os Negócios Estrangeiros e a Política de Segurança — e Vice

---

[35] O sistema de votação por dupla maioria, tal como acordado na CIG de 2004, produzirá efeitos em 1 de Novembro de 2014, data até a qual o atual sistema de maioria qualificada (inciso 2 do artigo 205 do TCE) continuará a ser aplicado. Posteriormente, durante um período transitório até 31 de Março de 2017, sempre que uma decisão deva ser adotada por maioria qualificada, um membro do Conselho pode solicitar que a decisão seja tomada de acordo com a maioria qualificada definida no nº 2 do artigo 205 do atual TCE.
Além disso, até 31 de Março de 2017, se membros do Conselho — que representem pelo menos 75% da população ou pelo menos 75% do número de Estados-membros necessários para constituir a minoria de bloqueio prevista no nº 2 do artigo I-25 — manifestarem a sua oposição ao Conselho adotar um ato por maioria qualificada, será aplicável o mecanismo previsto no projeto de decisão constante da Declaração nº 5 anexa à Ata Final da CIG de 2004. A partir de 1º de Abril de 2017, será aplicável o mesmo mecanismo, sendo as percentagens pertinentes, respectivamente, de pelo menos 55% da população ou de pelo menos 55% do número de Estados-membros necessários para constituir a minoria de bloqueio prevista no inciso 2 do artigo I-25.

Presidente da Comissão — que não receberá mais o nome de "Ministro dos Negócios Estrangeiros da União", embora, na prática, exerça essa função, encarregando-se, inclusive, de temas como segurança e defesa. Um novo serviço europeu para a ação externa apoiará o Alto Representante.

• A União passou a ter uma personalidade jurídica única que irá reforçar o seu poder de negociação e a sua influência na cena mundial.

• A União passou a ter mais capacidade para intervir nas áreas de liberdade, segurança, defesa, justiça e saúde, tendo o Tratado previsto disposições especiais para a tomada de decisão e uma cooperação reforçada nestes assuntos.

• Pela primeira vez, o Tratado de Lisboa reconhece explicitamente a possibilidade de um Estado-membro sair da União.

• Os Estados-membros perdem o direito de veto em 40 temas de menor importância.

O Tratado foi assinado pelos 27 Estados-membros e depende, para a sua entrada em vigor, da ratificação de cada um deles. O nome "Tratado de Lisboa que altera o Tratado da União Européia e o Tratado que constitui a Comunidade Européia" sugere que ele seja apenas uma emenda a tratados já aprovados. Desta maneira, os países não precisam realizar referendos para aprová-lo, uma vez que os tratados "emendados" já foram ratificados pelos Estados, com exceção da Irlanda, onde a Constituição exige a realização de referendo.

A meta era que todos os Estados ratificassem o Tratado até 1º de Janeiro de 2009, para que já estivesse em vigência quando das eleições para o Parlamento Europeu, em junho de 2009. No entanto, com o "não" da população irlandesa no referendo realizado em junho de 2008, este processo foi adiado. Os irlandeses temiam que a adesão ao Tratado afetasse a política fiscal, a neutralidade militar do país e questões éticas como o aborto; também fizeram objeção a um plano que reduziria os membros da Comissão Européia, acarretando a perda, por parte de alguns países — dentres eles a Irlanda —, do direito automático a ter um membro na Comissão.

Com efeito, no Conselho Europeu realizado em 11 e 12 de dezembro de 2008, em Bruxelas, foram discutidos, dentre outros assuntos, os rumos do Tratado de Lisboa. Durante o encontro, foram concedidas garantias legais à Irlanda de que o referido diploma não afetaria a autoridade do país nos temas acima. Os representantes da UE concordaram, ainda, em adotar as medidas necessárias para que, se o Tratado entrar em vigor, cada um dos 27 Estados mantenha um representante na Comissão. Diante disso, a Irlanda comprometeu-se a realizar novo referendo em 2009.[36]

A opinião dos irlandeses foi consideravelmente influenciada pelo impacto que a crise econômica provocou no país, reforçando a importância do Bloco na proteção dos interesses dos Estados-membros e do continente. Com efeito, no segundo referendo, realizado em 2 de outubro de 2009, o Tratado de Lisboa obteve a aprovação irlandesa, abrindo o caminho para a sua entrada em vigor e a conseqüente substituição do Tratado de Nice.

Vale ressaltar que os partidos de esquerda da Europa defendem que o Tratado deveria ser submetido a referendo em cada Estado-membro. Afirmam que os burocratas e

---

36 EUROPEAN COMMISSION. *Deals on climate and economy sealed in Brussels*. 12/12/2008. Disponível em: "http://ec.europa.eu/news/economy/081212_1_en.htm" (consulta realizada em 18/12/2008).

políticos europeus não quiseram entender que as razões pelas quais os franceses e holandeses rejeitaram a Constituição, e os irlandeses, no primeiro referendo, o Tratado de Lisboa, são razões sociais que têm a ver com o fundamental da idéia européia de integração. Defendem, ainda, que somente uma política européia coordenada para proteção social, combate ao desemprego, igualdade entre homens e mulheres e desenvolvimento da sustentabilidade ambiental pode viabilizar a integração européia. As dificuldades na aprovação dos tratados demonstram que o processo de integração não evolui de maneira retilínia e uniforme. Apesar disso, a UE está cada vez mais próxima de realizar o antigo sonho da unificação da Europa. Ela conta hoje com uma população de quase 500 milhões[37] de habitantes, que são chamados de cidadãos europeus, utilizam um passaporte europeu e dispõem de uma moeda única. As decisões acerca de segurança e energia são tomadas no âmbito europeu e cada vez mais países se candidatam a integrantes do Bloco. Toda essa integração só é possível porque os inúmeros tratados que constituiram a União criaram instituições capazes de fazer prevalecer as decisões tomadas no nível comunitário.[38]

---

37 População total da UE (27 Estados-membros) em 2009: 499.747.211habitantes (Fonte: Serviço Oficial de Estatística da União Européia).

38 Todos os tratados e acordos firmados no âmbito da UE podem ser obtidos no *website* oficial do Bloco: *http://europa.eu* .

2. INSTITUIÇÕES E ÓRGÃOS DA UNIÃO EUROPÉIA

Os países que integram a União Européia, apesar de continuarem sendo Estados soberanos, reúnem a sua soberania em algumas áreas para alcançarem níveis de força e influência que não obteriam isoladamente. O PIB comunitário, por exemplo, elevou-se, em 2000, a US$ 8,5 trilhões, valor semelhante ao PIB norte-americano e praticamente o dobro do PIB japonês. Em 2008, o PIB da UE ultrapassava, em muito, o dos EUA e era maior do que o triplo do PIB do Japão.[39] A congregação de soberanias significa, na prática, que os Estados-membros delegam alguns dos seus poderes a instâncias transnacionais que criaram, com o objetivo de assegurar que os assuntos comuns seriam definidos no plano europeu.

Essas instâncias transnacionais foram criadas durante o processo de evolução da UE; tratado após tratado, surgia uma nova instituição de propósito específico. Todo o processo de evolução da UE levou à formação de uma organização institucional *sui generis*. Foi o Tratado da União Eu-

---

39 PIB (em 2008) UE: 12.508.250,7; EUA: 9.818.738,1; e Japão: 3.329.397,2 (em milhões de euros). Fonte: Serviço Oficial de Estatística da União Européia.

ropéia, contudo, que deu à UE sua feição atual[40]. A partir desse tratado, pode-se explicar a arquitetura da União Européia por meio de três pilares:

• Primeiro pilar: o pilar comunitário, que corresponde às três comunidades: a Comunidade Econômica Européia (CEE), a Comunidade Européia da Energia Atômica (EURATOM) e a antiga Comunidade Européia do Carvão e do Aço (CECA).

• Segundo pilar: o pilar consagrado à Política Externa e de Segurança Comum, que está abrangida pelo título V do Tratado da União Européia.

• Terceiro pilar: o pilar destinado à cooperação judicial e policial em matéria penal, que está abrangida pelo Título VI do Tratado da União Européia.

Podemos verificar que as principais instâncias transnacionais da União Européia, as mais altas e mais bem acabadas, são as chamadas instituições da UE. Não obstante isso, não podemos resumir o aparelho institucional do Bloco a elas. De fato, existem também outros tipos de instâncias transnacionais que têm extrema importância no funcionamento da UE, são os chamados órgãos da UE, que podem ser divididos em Órgãos Consultivos, Órgãos Interinstitucionais, Órgãos Descentralizados (ou Agências), além de outros órgãos que não podem ser enquadrados em nenhuma destas categorias. Além disso, é importante acrescentar que as decisões da União Européia não são tomadas exclusivamente por seus próprios organismos internos. Ela continua sendo uma organização supranacional que depende,

---

40 O Tratado de Amsterdã transferiu uma parte dos domínios do terceiro pilar para o primeiro pilar (livre circulação de pessoas).

para sua existência, da boa vontade dos Estados nacionais que a compõem.

Nesse sentido, ganha relevância a atuação de um organismo que não pode ser considerado como parte da UE, apesar de ali serem tomadas muitas decisões acerca dos caminhos por ela trilhados: o Conselho Europeu. O Conselho Europeu pode ser definido como uma reunião entre os chefes de Estado e de governo dos Estados-membros da União Européia (presidentes ou primeiros-ministros, de acordo com o sistema político de cada Estado) e o Presidente da Comissão Européia (braço executivo da UE e uma de suas principais instituições). O Conselho Europeu é o órgão de decisão política de mais alto nível na UE e impulsiona as grandes questões políticas que se ligam à construção da Europa[41]: alterações dos tratados e das instituições, aprovação da política global da UE, declarações diplomáticas no âmbito da política externa e de segurança comum e análise dos progressos realizados. Reúne-se, em princípio, quatro vezes por ano e funciona, também, como fórum de discussão em situações de crise, contribuindo com soluções em caso de desacordo entre os Estados-membros. O Conselho Europeu tem, por conseguinte, uma função primordial de impulso e orientação política, econômica e social no conjunto dos domínios das atividades da União Européia, quer no nível europeu, quer no nível nacional.

2.1 Instituições da UE

São sete as instituições da União Européia: o Conselho da União Européia, a Comissão Européia, o Parlamento

---

41 *COMO FUNCIONA A UNIÃO EUROPÉIA* — Guia das Instituições da União Européia. Serviço das Publicações Oficiais das Comunidades Européias, Bruxelas, 2008, p. 9.

Europeu, o Tribunal de Contas Europeu, o Tribunal de Justiça, Tribunal de Primeira Instância e o Tribunal de Função Pública.

Hoje são três as principais instituições que participam do processo decisório na UE: o Parlamento Europeu, o Conselho da União Européia e a Comissão Européia. Esse é o chamado "triângulo institucional", que está na origem das políticas e da legislação que se aplicam a toda a UE. Em geral, é a Comissão Européia que propõe a nova legislação, mas são o Conselho e o Parlamento que a aprovam. Também desempenham papel fundamental o Tribunal de Justiça e o Tribunal de Contas. O Tribunal de Justiça tem a missão de garantir a interpretação e a aplicação uniformes da legislação da UE em todos os Estado-membros. Um exemplo da atuação dessa instituição é fazer com que os tribunais nacionais não decidam de forma diferente sobre a mesma questão. O Tribunal é competente para se pronunciar sobre os litígios entre Estados-membros, instituições da UE, bem como conflitos individuais. Já o Tribunal de Contas Europeu verifica se os fundos da União Européia, provenientes dos contribuintes, são cobrados de forma adequada e utilizados de acordo com a lei, de forma econômica e para o fim a que se destinam.

2.2 Parlamento Europeu

As origens do Parlamento Europeu remontam aos tratados constitutivos (mais precisamente aos tratados de Roma e Paris). Sua sede administrativa é em Luxemburgo, mas as reuniões de todo o Parlamento (sessões plenárias) ocorrem em Estrasburgo, na França, e em Bruxelas, na Bélgica; havendo sessões plenárias mensais de 4 dias em Estrasburgo e seis sessões plenárias adicionais em Bruxelas. Desde 1979 é eleito diretamente pelos cidadãos da União Européia. Cada parlamentar é eleito por um período de 5 anos por sufrágio universal direto pelos cidadãos dos Estados-membros. É formado por 785 deputados, que não estão organizados em blocos nacionais, mas em grupos políticos de dimensão européia. O Parlamento tem três funções essenciais:

- partilha com o Conselho da União Européia a função legislativa, ou seja, aprova a legislação européia (diretivas, regulamentos, decisões). A sua participação contribui para garantir a legitimidade democrática dos textos adotados, vez que seus membros são eleitos pelos cidadãos europeus;
- partilha com o Conselho da União Européia a autoridade orçamentária, ou seja, aprova ou rejeita o orçamento e influencia as despesas comunitárias
- exerce um controle democrático sobre a Comissão Européia. Aprova a designação dos seus membros e dispõe do direito de votar uma moção de censura. Exerce igualmente um controle político sobre o conjunto das instituições.

2.3 Conselho da União Européia

O Conselho da União Européia é o principal órgão de tomada de decisões da UE. Tal como o Parlamento Europeu, o Conselho foi instituído pelos tratados constitutivos na década de cinqüenta. Tem a função de representar os Estados-membros, e sua sede fica em Bruxelas. É formado pelos ministros dos Estados-membros — um ministro de cada Estado. Era anteriormente chamado de Conselho de Ministros. A sua presidência é rotativa entre os países membros da UE, a cada seis meses. O ministro que participa depende da matéria que será discutida. Se a reunião for sobre questões ambientais, por exemplo, ela será chamada de "Conselho meio-ambiente" e dela participarão os ministros de meio-ambiente dos Estados da UE. Note-se que cada ministro que participa do Conselho "tem competência para vincular o seu governo. Por outras palavras, a assinatura do ministro obriga todo o seu governo. Além disso, cada ministro que participa no Conselho é responsável perante o seu Parlamento nacional e perante os cidadãos que esse Parlamento representa. Juntamente com a participação do Parlamento Europeu no processo de decisão, este funcionamento assegura a legitimidade democrática das decisões do Conselho."[42]

Em função da variedade de questões a serem analisadas, o Conselho da União Européia reúne-se em nove diferentes formações: Assuntos Gerais e Relações Externas; Assuntos Econômicos e Financeiros; Justiça e Assuntos Internos; Emprego, Política Social, Saúde e Proteção dos Consumidores; Competitividade; Transportes, Telecomunicações e Energia; Agricultura e Pescas; Meio-Ambiente; e Educação, Cultura e Juventude. O Conselho assume várias funções essenciais:

- é o órgão legislativo da União; em relação a um grande conjunto de competências comunitárias, exerce este poder legislativo em co-decisão com o Parlamento Europeu;
- assegura a coordenação das políticas econômicas gerais dos Estados-membros;

---

42 COMO FUNCIONA A UNIÃO EUROPÉIA — Guia das Instituições da União Européia. Serviço das Publicações Oficiais das Comunidades Européias, Bruxelas, 2008, p.16.

- celebra, em nome da UE, os acordos internacionais entre esta e um ou vários Estados ou organizações internacionais;
- partilha a autoridade orçamentária com o Parlamento Europeu;
- aprova as decisões necessárias à definição e à execução da política externa e de segurança comum com base em orientações gerais definidas pelo Conselho Europeu; e
- assegura a coordenação da ação dos Estados-membros e adota as medidas no domínio da cooperação policial e judiciária em matéria penal.

Apesar destas diferentes formações, "o Conselho permanece único, significando isto que seja qual for a formação do Conselho que aprova uma decisão, trata-se sempre de uma decisão "do Conselho", sem indicação da formação".[43]

Importante ressaltar, novamente, que, em termos formais, o Conselho da União Européia não é o mesmo que o Conselho Europeu. O Conselho Europeu não tem funções legislativas e não existe formalmente no desenho institucional da União Européia, mas é o lugar onde os chefes dos Estados-membros se reúnem para decidir o futuro da UE e formar os novos tratados que ditarão os seus rumos.[44]

Cumpre informar, ainda, que há um terceiro "Conselho", que não deve ser confundido com as instâncias acima. Trata-se do Conselho da Europa, que não faz parte da UE,

---

43 Disponível em: http://www.consilium.europa.eu/cms3_fo/showPage.asp?id=426&lang=pt (consultado em 27/12/2008).
44 Para mais informações, v. Quadro 1 — COMO FUNCIONA A UE?, no capítulo 6. QUADROS COMPLEMENTARES.

sendo uma organização internacional com a função de proteção aos direitos humanos, promoção da diversidade cultural e luta contra problemas sociais como a intolerância racial. Existe desde 1949 e conta com 47 países membros, incluindo os 27 da UE. Tem sua sede em Estrasburgo. Foi responsável pela elaboração da Convenção para a Proteção dos Direitos do Homem; tendo sido criado o Tribunal Europeu dos Direitos do Homem para atuar na promoção dos direitos previstos na Convenção.

2.4 Comissão Européia

A Comissão Européia é a instituição politicamente independente dos governos nacionais que representa e defende os interesses da União Européia na sua integralidade. Ela propõe a legislação, a política e os programas de ação e é responsável por aplicar as decisões do Parlamento Europeu e do Conselho da União Européia. É o braço executivo da UE. Tal como o Parlamento e o Conselho, a Comissão Européia foi criada nos anos cinqüenta ao abrigo dos tratados constitutivos.

O termo Comissão Européia é empregado em dois sentidos. O primeiro refere-se à equipe formada por um integrante de cada país da UE designada para gerir a instituição e tomar as decisões da sua competência. O segundo diz respeito à instituição em si e aos seus funcionários.

Uma nova Comissão é nomeada de cinco em cinco anos, seis meses antes das eleições do Parlamento Europeu. Os governos dos países da UE escolhem por comum acordo o Presidente da Comissão, que designa, consultando os governos, os demais integrantes, os quais também deverão passar individualmente pela aprovação do Parlamento.

A Comissão Européia atua sob o controle do Parlamento Europeu, participando de todas as sessões do Parlamento, durante as quais tem de explicar e justificar as políticas que segue. Responde também regularmente às questões orais e escritas que lhe são endereçadas pelos deputados do Parlamento Europeu.
As principais funções da Comissão são:

1. elaborar e apresentar propostas legislativas ao Conselho e ao Parlamento;
2. executar e administrar as políticas e o orçamento da União;
3. representar a UE internacionalmente, o que inclui, dentre outras atribuições, firmar acordos com outros países ou blocos; e
4. juntamente com o Tribunal de Justiça, garantir o cumprimento da legislação do Bloco.[45]

2.5 O Processo decisório na UE

Cumpre fazer referência ao artigo 3.º do Tratado da União Européia. Ali está instituído o chamado "quadro institucional único" que é a expressão concreta do princípio da unicidade institucional. Este conceito implica que as instituições da União e da Comunidade são comuns. Por conseguinte, estas instituições participam no processo de decisão dos diferentes pilares.

---

45 *COMO FUNCIONA A UNIÃO EUROPÉIA* — Guia das Instituições da União Européia. Serviço das Publicações Oficiais das Comunidades Européias, Bruxelas, 2008, p. 22.

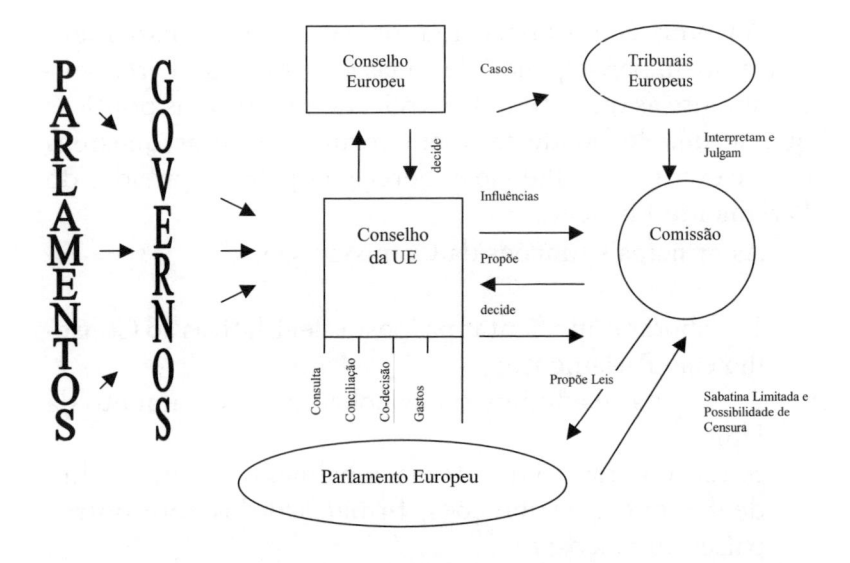

```
P               Conselho        Casos        Tribunais
A  ↘   G                Europeu                    Europeus
R      O                    ↑                          ↓
L      V                    │ decide            Interpretam e
A  →   E  →                 │                      Julgam
M      R           Influências
E      N           Conselho    Propõe →    Comissão
N  →   O           da UE       ← 
T      S                       decide
O  ↗                                          ↗
S                  │ │ │ │    Propõe Leis
                   │ │ │ │                Sabatina Limitada e
           Consulta Conciliação Co-decisão Gastos    Possibilidade de
                                                     Censura

              Parlamento Europeu
```

O processo decisório na União Européia funciona de maneira diferente de acordo com o pilar do qual estamos tratando. O procedimento é comunitário para o primeiro pilar e é inter-governamental para os outros dois. Assim, no primeiro pilar, só a Comissão Européia pode apresentar propostas ao Conselho da União Européia e ao Parlamento Europeu, e a maioria qualificada é suficiente para a adoção dos diplomas legais no nível do Conselho. No âmbito do segundo e terceiro pilares, este direito de iniciativa é partilhado entre a Comissão e os Estados-Membros e a unanimidade é geralmente necessária no nível do Conselho.

2.6 Órgãos da UE

Para além das suas instituições, a UE possui diversos órgãos que desempenham missões específicas. Podemos classificá-los em: Órgãos Consultivos, Órgãos Interinstitucionais e Órgãos Descentralizados. Além desses, existem, ainda, diversos órgão especializados.

São Órgãos Consultivos o Comitê Econômico e Social Europeu e o Comitê das Regiões. Os dois órgãos, apesar de terem a mesma natureza, apresentam funções essencialmente distintas. Criado em 1957 pelo Tratado de Roma, o Comitê Econômico e Social Europeu (CESE) é um órgão de natureza consultiva composto pelos representantes dos empregadores, sindicatos, agricultores, consumidores e outros grupos de interesses que, no seu conjunto, formam a denominada sociedade civil organizada. O CESE foi criado para apresentar os pontos de vista e defender os interesses da sociedade civil na discussão das políticas com a Comissão, o Conselho e o Parlamento Europeu. Já o Comitê das Regiões (CdR) é um órgão consultivo composto por representantes dos poderes locais e regionais da Europa. O CdR tem de ser consultado antes da adoção de decisões da UE que afetem diretamente os poderes regionais e locais, como por exemplo, no domínio da política regional de ambiente, de educação e de transporte.

Os Órgãos Interinstitucionais são o Serviço das Publicações da União (OPOCE), o Serviço de Seleção do Pessoal (EPSO) — Recrutamento dos funcionários — e a Escola Européia de Administração.

Os Órgãos Descentralizados (ou Agências, como são comumente chamados) constituem agências especializadas e descentralizadas da UE que foram criadas com o objetivo de apoiar os Estados-membros e os seus cidadãos. Estas agências constituem uma resposta à vontade de descentralização geográfica e à necessidade de fazer face a novas funções de caráter jurídico, técnico e/ou científico. As agências da UE estão agrupadas em quatro categorias distintas: **agências comunitárias**, organismos de direito público europeu, distintos das instituições comunitárias (Conselho, Parlamento, Comissão etc.), e que dispõem de personalidade jurídica própria. Realizam tarefas concretas de caráter técnico, científico ou de gestão no quadro do primeiro pilar da União Européia; **agências de política externa e de segurança comum**, criadas desempenhar tarefas concretas de caráter técnico, científico ou de gestão no quadro da política externa e de segurança comum (PESC), que constituem o segundo pilar da UE; **agências de cooperação policial e judiciária em matéria penal**, criadas para ajudar os Estados-membros a cooperarem na luta contra a criminalidade internacional organizada. Esta cooperação em matéria penal constitui o terceiro pilar da UE; e **agências executivas**, organismos criados nos termos do Regulamento (CE) nº 58/2003 do Conselho para efeitos da atribuição de determinadas tarefas relacionadas com a gestão de um ou mais programas comunitários. Estas agências, que são criadas por um determinado período de tempo, devem estar localizadas na sede da Comissão Européia.

Mesmo sendo as agências muito diferentes entre si, tanto em termos de dimensão, quanto de objetivos, apresentam, regra geral, uma estrutura básica comum e modos de funcionamento semelhantes. Com efeito, cada agência funciona sob a autoridade de um conselho de administração que estabelece orientações gerais e adota os programas de trabalho da agência, em função da sua missão de base, dos recursos disponíveis e das prioridades políticas. O diretor executivo, nomeado pelo conselho de administração ou pelo Conselho da União Européia, é responsável pelas atividades da agência e pela adequada execução do seu programa de trabalho. As agências funcionam normalmente graças a uma ou mais redes de parceiros situadas no território da União.

Os principais Órgãos Especializados são: o Banco Europeu de Investimento (financia projetos de investimento da UE e ajuda pequenas empresas por intermédio do Fundo Europeu de Investimentos); o Banco Central Europeu (é responsável pela política monetária européia); o Provedor de Justiça Europeu (investiga as queixas dos cidadãos sobre a má administração das instituições e órgãos da UE); e a Autoridade Européia para Proteção de Dados (salvaguarda a privacidade dos dados pessoais dos cidadãos).

3. A QUESTÃO DA SOBERANIA NA UNIÃO EUROPÉIA

A Europa é hoje um campo que apresenta um conjunto intrincado de relações políticas, econômicas e sociais em que coexistem atores nos níveis nacional (Estados), supranacional (União Européia), internacional (com instituições como a ONU) e até mesmo infra-nacional (estados da federação). Com a evolução da UE, o processo político europeu teve um parcial deslocamento de centro decisório, do governo dos Estados nacionais para as Instituições da UE, o que fez com que o estudo das relações políticas na Europa (e principalmente na Europa ocidental) tivesse também que se deslocar. Esse deslocamento criou impasses teóricos e conceituais que dificultam o estudo do processo político europeu e, conseqüentemente, o entendimento acerca das relações formadas na Europa. Junte-se a isso o fato de a UE, o novo objeto de estudo na Europa, sobre o qual deveriam ser alterados e renovados os conceitos, ser, como define Morten Kelstrup "um alvo em movimento"[46]. Ou seja,

---

46 KELSTRUP, Morten e WILLIAMS, Michael C., *Internacional Relations Theory and the Politics of European Integration — Power, security and community*. Nova York: Routledge, 2000.

um objeto em constante alteração ou, melhor dizendo, um sistema social, político e econômico extremamente complexo e dinâmico.

O fato é que estamos em um período de transição e isso traz incertezas acerca dos conceitos que devem ser utilizados para caracterizar a UE e determinar as bases nas quais podemos avaliar os fatores mais importantes para a evolução da integração européia nas diferentes fases do seu desenvolvimento. Nessa perspectiva torna-se essencial para entender o processo político europeu, o estudo das principais teorias de integração aplicadas à UE.

3.1 Teorias de Integração

Em uma visão geral das teorias de integração, podemos distinguir entre as chamadas Teorias Clássicas de Integração, formuladas principalmente nos anos 50 e 60, e as novas teorias em debate que surgiram a partir dos anos 80.

Apesar das dificuldades em definir exatamente a nomenclatura e de precisar as idéias principais de cada uma das teorias, podemos identificar como clássicas cinco diferentes "escolas": funcionalismo, federalismo, neo-funcionalismo, transacionalismo e intergovernamentalismo.

Já a nova onda das teorias de integração apresenta tantas formas diferentes de se aproximar do objeto que uma visão geral se torna realmente complicada. Por esse motivo, e talvez correndo o risco de uma escolha um tanto seletiva demais, escolhemos duas escolas que parecem representar de forma satisfatória essa onda de renovação: o intergovernamentalismo liberal e a escola chamada governança de múltiplos níveis.

Teorias Clássicas

Funcionalismo

Inicialmente, o funcionalismo preocupava-se com a reorganização do sistema internacional com base na experiência das duas guerras mundiais. Trata-se, mais que uma teoria de integração, de uma estratégia de integração. A idéia geral do funcionalismo é que a cooperação internacional em áreas específicas ou em relação a funções específicas deveria ser colocada sob a responsabilidade de organizações internacionais, que levariam a um sistema internacional mais pacífico e próspero. O que devemos ter em mente é que o funcionalismo acredita que a integração internacional evoluiu gradualmente por meio de um processo de aprendizado. Essa idéia tem uma base tecnocrática e assume que as elites dos Estados vão apoiar as organizações de cooperação internacional quando perceberem que elas funcionam. Uma vez convencidas, as elites ajudariam a transferir ainda mais autoridade para esses corpos.

Essa base tecnocrática é a grande fraqueza do funcionalismo, a partir do momento em que ignora a alta política e que é indiferente às atitudes políticas e aos movimentos políticos. Isto é, o funcionalismo ignora as predisposições políticas de cada elite e cada Estado, além do contexto político geral do mundo. Para esta escola, a formação de organizações internacionais seria um processo tão irreversível que nenhuma forma de interesse político poderia atravancá-lo. Apesar disso, a teoria tem muita relevância. O funcionalismo foi a base para a política e diplomacia de muitos Estados nacionais no pós-guerra e levou à formação de organizações internacionais nos mais diversos campos.

Federalismo

Como o próprio nome nos faz notar, a teoria de integração chamada federalismo está ligada às teorias mais gerais sobre federalismo. Assim como várias teorias de integração primitivas, o federalismo é muito "normativo", tendo paz e bem-estar como seus objetivos. A idéia principal é que os líderes políticos dos Estados deveriam reconhecer a importância de resolver os problemas comuns e, com esse objetivo, reunirem-se em estruturas federativas supranacionais (globalmente ou regionalmente). Segundo essa escola, os líderes dos Estados concordariam em desistir de seus poderes em prol de uma nova autoridade porque estariam sob pressão internacional tão grande (ou em uma crise tão grande) que a transferência de soberania apareceria também para eles como a melhor solução.

Apesar de todos os problemas que podemos encontrar no federalismo como uma teoria de integração, a UE se desenvolveu em um sistema mais compreensível em parte baseado nas idéias dessa escola.

Neo-funcionalismo

O neo-funcionalismo é a teoria clássica de integração mais importante, pelo menos no aspecto de ter mais conteúdo teórico propriamente dito. Ao observarmos a teoria neo-funcionalista, é fácil perceber que ela mistura as teorias funcionalistas e federalistas, é por isso que alguns teóricos preferem chamar esta escola de "funcionalismo federativo" ou "federalismo liberal". A idéia geral do neo-funcionalismo é que a integração regional pode ser (e, sob certas condições, será) feita através de integrações graduais de áreas específicas e, posteriormente, irá se espalhar (*spillo-*

ver) para as outras áreas. As idéias principais são: (i) *spillover* funcional; (ii) *spillover* político; e (iii) ênfase na importância das organizações supranacionais.

É questionável se o mecanismo de *spillover* funciona exatamente da maneira como os adeptos do neo-funcionalismo propõem, mas, numa perspectiva que abarque toda a história da UE, o fato é que a integração regional na Europa realmente se deu através de integração gradual de setores específicos. Por esse motivo não podemos considerar o neo-funcionalismo uma teoria totalmente morta. Uma das maiores críticas ao neo-funcionalismo é a sua visão um tanto simplista de que a resolução de problemas em comum levaria, de maneira necessária, a modificações na identificação política entre os Estados. Outra grande crítica é que a teoria interpretou de maneira errada a habilidade dos Estados de agir com base na sua própria política e em interesses predominantemente internos. Há, ainda, mais uma crítica: o mecanismo de *spillover* não funcionaria em questões de alto interesse dos Estados, principalmente em questões de segurança nacional.

Transacionalismo[47]

Essa teoria difere de todas as outras por colocar mais ênfase nos aspectos econômicos e sócio-culturais do que na integração política. Um dos maiores objetivos dessa escola era analisar processos que levassem à integração, em particular a formação de comunidades de segurança. Era uma base importante do transacionalismo a crença de que é possível mensurar transações nos campos sócio-cultural e eco-

---

47 Essa teoria foi formulada quase totalmente por Karl Deutsch nos anos 50 e 60.

nômico e que, deste modo, é possível mensurar a integração. Uma grande crítica a essa teoria é seu modo de operar de forma demasiado empírica e sua ênfase exagerada em mensuração, inclusive de trivialidades.

Intergovernamentalismo

Esta teoria se baseia na visão clássica de que os Estados são os maiores atores do cenário internacional e seguem seus próprios interesses, na maior parte, visando a sobrevivência e a angariação de poder, e cooperam entre si somente enquanto isso é adequado aos seus interesses. Nos anos 70, após a crise das teorias de integração, o intergovernamentalismo se tornou a teoria dominante na interpretação da integração européia.

A maior crítica a essa teoria é que ela não foi hábil em descrever e explicar a integração internacional de maneira suficientemente convincente e com detalhes. Essa crítica se tornou mais forte nos anos 80 quando, seguindo a nova dinâmica que apareceu na integração européia, surgiu uma nova onda de teorias de integração.

A segunda onda de teorias de integração

Intergovernamentalismo liberal

Os elementos mais importantes do intergovernamentalismo liberal são: (i) uma interpretação literal da maneira como as preferências nacionais são formadas com base nas preferências e ações de grupos nacionais; e (ii) uma teoria intergovernamental de barganha entre os Estados. Nesta teoria, a UE é vista como um "regime intergovernamental bem sucedido designado para administrar interdependência economica através de negociação de politicas coordenadas"[48].

De acordo com essa abordagem, o processo de integração é visto como tendo dois níveis: o primeiro é o nacional, levando à formação das preferências nacionais, e o segundo é o internacional, com a barganha intergovernamental. Os Estados são vistos como atores nacionais que atuam com base nos seus objetivos e interesses nacionais.

A conseqüência deste tipo de visão do sistema internacional é que o processo de integração se desenvolve de uma maneira abrupta, por meio de uma série de barganhas entre os Estados, e não através de um processo gradual. A integração seria aceita pelos Estados na medida em que aumenta seu controle dos assuntos domésticos e sobre os grupos políticos internos. Decorre daí que, para essa teoria, o poder executivo nacional se torna mais forte por participar da integração e o Estado Nacional também se torna mais forte em sua posição de barganha ante os não participantes.

Mas resta um problema: como é possível nessa teoria explicar a existência das instituições da UE e a delegação de soberania para estas instituições? Uma resposta simples dos adeptos do intergovernamentalismo liberal é negar que poderes de soberania sejam concedidos às instituições da UE; são vistos somente como uma delegação temporária, o que implica que a soberania pode ser retomada assim que for interesse do Estado fazê-lo. Outra resposta, mais refinada, é que os Estados, na sua interação, desenvolvem interesses em manter instituições e regras em comum. Nessa interpretação, a maior motivação para a integração seria o risco de não ter os acordos internacionais cumpridos fiel-

---

48 HIX, Simon. *The Political System of the European Union*. Palgrave, Nova York, 2004.

mente devido à falta de fiscalização. Outro argumento é que os Estados voluntariamente aceitariam delegar autoridade de uma maneira mais permanente com o objetivo de reduzir a insegurança e aumentar o trânsito de informações.

Governança de múltiplos níveis (multi-level governance)

A idéia principal desta corrente é que, na UE, estamos lidando com um sistema decisório muito complexo que possui muitos níveis e muitos atores diferentes que interagem em uma teia de relações também complexa. Esse sistema não é um Estado, mas, de qualquer modo, produz o que podemos chamar de governança. Ou seja, produz regras e resolve problemas. Nesse cenário, o Estado é só mais um ator e não tem uma posição privilegiada perante os outros atores do sistema.

Segundo essa teoria, os Estados foram enfraquecidos, em parte pela globalização e em parte pela integração européia. Eles continuam sendo atores importantes para a integração, mas não são mais os únicos a ditar os caminhos que esta deve tomar. Isso quer dizer que o processo de tomada de decisões é dividido entre atores de vários níveis, as decisões são tomadas em comum entre os Estados e os outros atores regionais e internacionais. O efeito lógico do processo decisório comum é que os Estados individuais perdem controle sobre o processo.

Essa teoria enfatiza ainda mais um aspecto para entender a UE: a arena política é "interconectada". Isso implica que atores supranacionais e sub-nacionais podem operar de forma combinada; supranacional e sub-nacional podem se relacionar e cooperar diretamente, sem a intermediação do Estado. Em outras palavras, a distinção entre internacional e nacional está desaparecendo.

3.2 Análise Prática das Teorias de Integração

É fácil verificar que a maneira como entendemos a questão do relacionamento entre os níveis nacional e internacional na Europa (e, conseqüentemente, a maneira como entendemos a questão da soberania) depende diretamente de qual teoria adotamos para explicar o processo de integração. Nossa escolha nesse estudo se baseou em uma observação empírica das várias etapas de integração pelas quais a Europa passou até hoje.

Observando a maneira como se comportam os diversos atores do processo político europeu, concluímos que a teoria que mais é capaz de explicar a integração européia é a teoria da governança de múltiplos níveis. Essa teoria foi escolhida não obstante os vários pontos que, na nossa perspectiva, estariam corretos em outras teorias e da procedência de grande parte das críticas dirigidas a ela.

Para entender porque a governança de múltiplos níveis é a teoria que melhor compreende o processo de integração na Europa, devemos ter em mente que a UE é uma etapa de um processo de integração, não sendo o objetivo final nem última forma necessária do desenvolvimento político europeu. Se entendermos a UE não como uma entidade política transnacional pronta e acabada, mas como uma etapa de um processo de institucionalização internacional, seremos capazes de entender como somente parte dos poderes de soberania e do processo decisório na Europa foram transferidos para os níveis transnacional e internacional, permanecendo uma grande parte das decisões nos níveis nacionais. Seremos capazes de entender, ainda, como pode um nível infranacional se tornar uma parte ativa no processo decisório internacional, afastando, desse modo, a soberania dos Estados nacionais por um lado pouco previsível.

O processo político europeu se divide em vários sistemas e sub-sistemas, nem todos totalmente integrados. Cada aspecto da política internacional, dependendo da atividade dos atores internacionais e da rede de poder que se forma na proteção de interesses, recebe um tratamento diferente, ainda que dentro do mesmo arcabouço institucional. Podemos dizer que, dentro do que chamamos União Européia, existem vários sistemas políticos diferentes se servindo do mesmo arcabouço institucional. Para cada um destes sistemas políticos, dependendo do grau de integração de cada um, são criadas regras especiais.

De forma mais clara, o que queremos dizer é que existem vários níveis de política internacional, cada um com seus atores e todos eles interagindo entre si. Esse sistema político complexo faz com que cada área de atividade (por exemplo, segurança, agricultura, energia atômica) seja tratada, dentro da UE, de maneira diferente, dependendo do jogo de interesses dos atores e da maior ou menor capacidade que cada um tem de forçar os outros atores a realizarem o seu interesse. É por esse motivo, enquanto o Tratado de Maastricht conseguiu comprometer os Estados membros com uma moeda comum, controlada por um Banco Central Europeu, o Tratado de Amsterdã falhou em fazer algum progresso em qualquer das duas áreas sensíveis da soberania para os Estados: transição de simples cooperação para uma efetiva política comum em segurança pública e defesa e ajustes institucionais que preparassem a UE para um alargamento futuro.

O que encontramos é um conjunto heterogêneo de relações, estando algumas áreas muito mais integradas que outras e alguns Estados membros mais refratários que outros à idéia de integração. De acordo com Liesbet Hooghe e Gary Marks, "não importa como se analise o processo de tomada de decisões na Europa — por área de regulamentação ou por território —, verifica-se que há grande variação. Em algumas áreas, houve transformação de um processo decisório exclusivamente nacional para um processo exclusivamente europeu; em outras áreas, houve pouca mudança. Da mesma maneira, alguns países têm experimentado uma profunda mudança em direção ao regionalismo, enquanto outros, muito pouca ou nenhuma mudança"[49].

Podemos concluir que os Estados, hoje, dividem muitos dos poderes clássicos de soberania com vários outros atores. A soberania não é, por conseguinte, una e indivisa. Mas será que o conceito de soberania fixado em Westfália ainda é suficiente para definir as relações políticas? Alguns teóricos sustentam que não. Segundo William Wallace, "o Tratado de Amsterdã registra a contradição do sistema político europeu, que tem se deslocado para muito além dos conceitos tradicionais de soberania, sem desenvolver um consenso acerca do que está surgindo no seu lugar."[50]

A questão da soberania se apresenta de uma forma bastante ambígua na Europa. Ao mesmo tempo em que há um número cada vez maior de poderes decisórios sendo delegados para as instituições supranacionais, a soberania de Westfália serviu como base, por exemplo, para a representação diferenciada e votos com peso em um número significativo de áreas. Os territórios nacionais permanecem bem definidos, apesar de postos e guardas de fronteira estarem desaparecendo das fronteiras internacionais da Europa, símbolos dos Estados nacionais no século XIX. Na Europa ocidental, as pessoas agem no dia-a-dia como cida-

---

49 HOOGHE, Liesbet e MARKS, Gary, *Multi-level governance and European integration*, Rowman & Littlefield, Oxford, 2001, p. 256.
50 WALLACE, William. *The Sharing of Sovereignty: The European Paradox*. Political Studies XLVII, Number 3, *Special Issue* 1999, p. 517.

dãs de Estados independentes, apesar de terem consciência de que possuem direitos como cidadãos europeus.

Fato é que a soberania é cada vez mais controlada em comum: "agregada entre governos, negociada por milhares de oficiais em centenas de comitês multi-laterais, comprometidos pela aceitação de regulamentações e julgamentos dos tribunais, os quais operam sob o princípio de mútua interferência nos respectivos assuntos domésticos."[51] Em grande parte das responsabilidades centrais do Estado, os governos nacionais pouco podem fazer sem a aquiescência dos seus vizinhos.

3.3 Soberania dos Estados Membros x 'Soberania' da UE: Direito Nacional x Direito Comunitário

Como vimos, os Estados nacionais estão abrindo mão de muitas de suas atribuições em favor da União Européia. Muitas das atividades que cabiam exclusivamente aos Estados, agora são, no todo ou em parte, de competência das instituições da UE. Até que ponto isso implica uma perda de soberania por parte dos Estados? Seria o caso de uma "soberania partilhada"? Como fica o conceito de soberania absoluta, una, indivisível e inalienável? Estariam os Estados se enfraquecendo, uma vez que atribuições típicas do Estado nacional, que concorrem para defini-lo como tal, não mais se encontram sob a sua égide, como a emissão de moeda, por exemplo?

<u>Supremacia e aplicação direta das leis da UE</u>

O Tribunal de Justiça da União Européia criou a doutri-

---

51 *Ibid.*, p. 506.

na da supremacia no caso paradigmático de *Flaminio Costa v. ENEL*, de 1964, afirmando a necessidade de um princípio da primazia das leis da União Européia sobre as leis nacionais em caso de conflito. Isso seria necessário para uma aplicação uniforme de regras do mercado comum e para a eficácia do mesmo. O Tribunal enfatizou, ainda, a independência e autonomia do Direito da UE, sugerindo um poder menos funcional e mais normativo:

> "*A lei proveniente do tratado, uma fonte de Direito independente, não poderia, por causa da sua natureza especial e original, ser revogada ou sobreposta por provisões domésticas legais, qualquer que seja a natureza destas, sem que o seu perfil de direito comunitário seja afetado e o fundamento legal da propria Comunidade seja posto em risco.*"

A Corte declarou que os Estados, ao transferirem poderes ao sistema legal da Comunidade, fizeram uma limitação permanente de seus direitos soberanos. Segundo Gráinne de Búrca, os poderes da Comunidade devem ser autônomos e originais, "não sujeitos a nenhuma limitação ou derrogação por parte dos Estados membros que não aquelas definidas pela própria Comunidade. Assim, a afirmação de supremacia do Direito comunitário sobre o Direito nacional, quando conflitantes, mesmo que, na prática, signifique apenas regra de prioridade para determinar soluções em casos específicos de inconsistência, é também consequência de uma afirmação mais fundamental feita previamente no julgamento: que a ordem legal da UE e a sua autoridade são independentes, autônomas e não-derivativas".[52]

---

52 BÚRCA, Gráinne de. *Sovereignty and the Supremacy Doctrine of the European Court of Justice*. In WALKER, Neil (organizador). "Sovereignty in Transition". Hart Publishing, Portland, 2006, p. 452.

A base para a afirmação de supremacia do Direito da Comunidade Européia foi dada no caso Van Gend[53] que estabeleceu a doutrina do "efeito direto" do Direito da CE, segundo a qual, as leis da CE deveriam vincular diretamente os indivíduos e serem diretamente aplicadas pelos tribunais nacionais. Quatro elementos levaram a tal conclusão: a determinação de estabelecer um mercado comum; o estabelecimento de novas instituições dotadas de direitos soberanos com poderes de regulamentação; alguns elementos democráticos existentes na estrutura institucional naquele momento; e o reconhecimento pelos Estados da autoridade do Direito da CE, estabelecendo um mecanismo que indica que as cortes nacionais devem aplicar as leis da CE.

Um caso relevante foi o parecer dado no Tratado EURATOM em 1978, sobre a sua compatibilidade com o projeto de uma convenção nuclear, onde a Corte, além de remeter à autonomia e independência da CE no exercício dos poderes a ela transferidos pelos Estados-membros, também ressaltou uma perda de poder soberano por parte dos estados:

"Dentro dos limites de jurisdição e poderes que lhe foram concedidos no tratado estabelecendo a Comunidade de Energia Atômica Européia, a Comunidade Européia deve estar em posição de exercê-los com liberdade irrestrita. Os Estados-membros, quer estejam agindo individual ou coletivamente, não podem mais impor obrigações à Comunidade que impliquem condições no exercício de prerrogativas que a ela pertencem e que, portanto, não se encontram mais no campo da soberania nacional.[54]"

---

53 Caso 26/62, *Algemene Transporten Expeditie Onderneming van Gend en Loos* v. *Nederlandse Administratie der Belastingen*, 1963.
54 *Ruling* 1/78 (1978) Tribunal de Justiça da UE — ECR 2151.

Doutrina da supremacia: mera regra prática ou afirmação de soberania da UE?

Qual seria o significado da afirmativa de "supremacia da lei da Comunidade Européia"? Apenas uma regra prática de solução no caso de conflito entre lei comunitária e lei nacional ou também pressupõe uma alegação de soberania da UE? Segundo Gráinne de Búrca, de um lado, a doutrina da supremacia pode ser compreendida de forma limitada, envolvendo pouco mais do que uma regra pragmática para lidar com inconsistência ou conflito de leis. De outro, pode ser vista como uma afirmação mais profunda de autoridade normativa e auto-governo, como uma afirmação fundamental de "soberania". Para Hans Lindahl[55], a motivação do julgamento do caso Costa v. Enel pode ser entendida como uma alegação de soberania. O autor defende que o Tribunal de Justiça da UE, ao afirmar que a ordem legal comunitária é nova e independente, dispensa qualquer ponto de referência externa em termos de capacidade da nova ordem de criar leis e que isto implicaria que a UE é um ente soberano. Muitos defendem, no entanto, que a falta de uma competência estabelecida para definir as suas próprias competências (*Kompetenz-Kompetenz*) é o indicador mais forte de que a CE/UE não possui soberania. Contudo, tanto o papel interpretativo do Tribunal de Justiça, quanto a potencial invasão na autonomia da Conferência Intergovernamental pela recente Convenção Constitucional apontam para outra direção.

---

55 BÚRCA, Gráinne de. *Sovereignty and the Supremacy Doctrine of the European Court of Justice*. In WALKER, Neil (organizador). "Sovereignty in Transition". Hart Publishing, Portland, 2006, p. 454.

Doutrina da supremacia: transferência parcial ou perda da soberania pelos Estados?

A afirmação da supremacia da lei da CE significaria necessariamente transferência ou, até mesmo, perda de soberania dos Estados em prol da UE? Desde os casos acima mencionados de Costa e de Van Gend, poucos julgamentos fizeram menção à questão da soberania, tanto em relação aos Estados membros, quanto à UE. Búrca, fazendo referência a Bruno de Witte[56], demonstra que, em análise feita por este último, expressões fortes como "transferência de soberania" são praticamente inexistentes nos julgados e pareceres do Tribunal de Justiça da UE. Segundo Búrca, de Witte faz uma distinção entre transferência de direitos soberanos e transferência de soberania.

No caso de Costa, a Corte declarou que teria ocorrido uma "limitação de soberania ou uma transferência de poderes dos Estados para a Comunidade" e, no de Van Gend, declarou que os Estados "limitaram os seus direitos soberanos". Uma transferência de direitos soberanos seria constitucionalmente e conceitualmente aceitável na maioria dos Estados, enquanto uma transferência de soberania, não. A questão aqui é que seria pouco provável que algum Estado estaria preparado para afirmar ou reconhecer que a sua entrada na UE resultou na abdicação da sua autoridade legal máxima. Com efeito, afirma-se que "apesar dos Estados terem delegado a sua autoridade, transferido alguns de seus poderes, ou, ainda, transferido 'direitos soberanos', eles não transferiram ou alienaram a sua soberania propriamente dita."[57]

---

[56] *Ibid.*, p. 456.
[57] *Ibid.*,p. 456.

No que consistiria transferir direitos soberanos sem transferir soberania? Significaria que os Estados poderiam resgatar os poderes conferidos à UE, mesmo sendo estes legitimamente exercidos por ela? Isso não parece viável, tanto em relação à realidade política, quanto ao Direito Constitucional dos Estados, em que não há previsão de retirada de poderes conferidos à UE como resultado da entrada na instituição. Até mesmo a questão da possibilidade de saída de um Estado da UE ainda é incerta e não está regulada nem no Direito Constitucional dos Estados, nem no Direito da UE, sendo que a possibilidade e procedimento de retirada foram previstos pela primeira vez no Tratado de Lisboa, que, se entrar em vigor, inserirá um artigo (35º) a respeito no Tratatado da União Européia.

Significaria, então, que alguns poderes passaram definitivamente para à UE enquanto outros permaneceram sob o domínio do Estado, sendo a soberania retida em algumas esferas e, em outras, transferida? Esta idéia sugere que a soberania, em vez de exercida conjuntamente por um número de entes, seria 'dividida' entre diferentes jurisdições e entidades, o que remonta ao parecer da Corte em Costa e em Van Gend de que a limitação da soberania dos Estados se deu apenas dentro de "campos limitados". Assim, a UE teria adquirido autoridade soberana dentro destes campos, ao passo que os Estados teriam permanecido soberanos dentro das demais áreas. Esta noção de 'soberania dividida' dentro da UE, defendida por Bruno de Witte, não é muito convincente por várias razões. Primeiro, as áreas de atuação e os poderes da UE aumentaram enormemente desde os julgamentos dos casos de Costa e de Van Gend. Um reflexo jurídico disto é um parecer do Tribunal de Justiça da UE, de 1991, sobre o acordo da Área Econômica Européia, onde repete a afirmação de que os Estados limitaram a sua soberania e transferiram direitos, omitindo, contudo, a expressão "ainda que dentro de campos limitados".

Ademais, tem se tornado extremamente difícil identificar com clareza quais áreas se encaixam no campo da soberania nacional. Até mesmo o termo 'soberania fiscal' fica comprometido, dado que inúmeros aspectos das leis e políticas da UE afetam a liberdade tributária dos Estados membros. Há tantas regras e princípios impostos pela UE, que se pode alegar que praticamente não há área de políticas nacionais que esteja livre de interferência e seja completamente autônoma.

Não obstante as áreas de saúde, educação, cultura e tributos ainda se encontrarem, *a priori*, sob a autoridade legal dos Estados membros, elas têm sido substancialmente afetadas por princípios, normas e práticas do Direito da UE.

A afirmativa de que os poderes e direitos da UE são adquiridos e exercidos dentro de campos limitados e apenas dentro do escopo de seus objetivos sugere que a esfera de autoridade da UE tem limites setoriais e funcionais. Todavia, as competências e a autoridade política estão cada vez menos delineadas, de maneira que a maioria das políticas é compartilhada entre a UE e os Estados. O que torna a noção de 'soberania limitada funcionalmente' ainda mais difícil de se compreender.

A UE tem legitimidade para atuar no âmbito do mercado interno, bem como para legislar assegurando o livre trânsito de mercadorias e serviços entre os Estados-membros. No que concerne à cultura, a UE praticamente não tem legitimidade para legislar, retendo os Estados forte autonomia legislativa neste campo. Entretanto, o caso de Bosman e os que se seguiram a ele[58] demonstraram a difi-

---

58 C-415/93, *Union Royale Belge des Sociétés de Football Association and others v. Bosman*, 1995, ECR I-4921; C-176/96, *Jyri Lehtonen*,

culdade em se delimitar a autonomia nacional da autonomia do Bloco na área do esporte.

Já no tocante à moeda, a autoridade, sem dúvida, nao é mais dos Estados e sim da UE, uma vez estabelecida a União Monetária Européia e instituído o Euro. Esta transferência é um bom exemplo de perda substancial por parte dos Estados-membros, tendo em vista ser a emissão de moeda uma atribuição fundamental do Estado nacional e desempenhar papel de grande relevância na soberania. O financiamento, a organização e a regulamentação da saúde e educação são claramente de competência nacional, com apenas poderes subsidiários conferidos à UE.[59] Contudo, uma série de casos referentes a fundos para tratamento médico e a resposta dos Estados-membros a eles demonstram como a autonomia doméstica e a própria autoridade podem ser limitadas e afetadas na lei e na prática.[60] Assim, poder-se-ia afirmar que a UE exerce direitos soberanos no campo de mercado interno e os Estados exercem autoridade soberana no campo da saúde? Ou, possivelmente, que nenhum deles exerce autoridade máxima sobre nenhuma área? Poder-se-ia alegar que esse tipo de conflito acerca da delimitação da competência e autoridade dos entes é comum, assim como em qualquer sistema federal. Na realidade da UE, entretanto, em que estas questões acerca da

---

Castors Canada Dry Namur-Braine ASBL v. FRBSB, 2000, ECR I-2681; e C-51/96 & C-191/97, *Deliege v. Ligue Francophone de Judi et Disciplines Associées ASBL*, 2000, ECR I-2549.

59 Ver, no entanto, C-184/99, Rudy Grzelczyk v. Centre Public D'aide Sociale d'Ottignes-Louvain-la-Neuve (CPAS), 2001, ECR I-6193.

60 Casos: C-368/98 *Vanbraekel v. ANMC*, 2001, ECR I-5363; C-157/99 *Geraets-Smits v. Stichting Ziekenfonds, Peerbooms v. Stichting CZ Groep Zorgverzekeringen*, 2001, ECR I-5473; C-120/95 *Decker*, 1998, ECR I-1831; e C-158/96 *Kohll v. Union des Caisses de Maladie*, 1998, ECR I-1931.

autoridade surgem diariamente, este argumento, nas palavras de Búrca, "não convence" e a noção de soberania limitada funcionalmente "parece dificil de sustentar."[61] No que concerne à posição dos Estados com relação à afirmação de supremacia do Tribunal de Justiça, será que há aceitação na teoria e na prática? Muito tem sido escrito sobre o assunto, por constitucionalistas de quase todos os Estados-membros e em inúmeros projetos de pesquisa. O quadro geral, na prática, é de larga aceitação, com várias perspectivas conceituais e constitucionais diferentes acerca de como e por que a lei européia tem primazia.

Um exemplo onde a lei comunitária prevaleceu sobre a nacional, no âmbito da Justiça nacional, foi o caso de quatro comerciantes no Reino Unido que foram condenados por não utilizarem, de acordo com as leis da CE, o sistema métrico, ao invés das medidas reais. A Alta Corte britânica declarou que, apesar da relação do Reino Unido com a UE se basear no Direito interno e não no da UE, o Ato das Comunidades Européias de 1972, que deu efeito ao Direito da CE no Reino Unido, é um estatuto constitucional especial e, portanto, não deve ser desconsiderado.[62]

A primazia do Direito da UE é sempre assegurada, independente da natureza da lei ou das políticas nacionais com que esteja em conflito[63], mas é raro haver recusa nacional a reconhecer a supremacia do Direito da UE, ainda

---

61 BÚRCA, Gráinne de. *Sovereignty and the Supremacy Doctrine of the European Court of Justice*. In WALKER, Neil (organizador). "Sovereignty in Transition". Hart Publishing, Portland, 2006, p. 459.

62 *Thoburn v. Sunderland County Council, Hunt v. London Borough of Hackney, Collins v. London Borough of Sutton QBD e Harman and Dove v. Cornwall County Council*, 18/2/2002.

63 Ver Caso 11/70, *Internationale Handelsgesellschaft mbH v. Einfuhr-und Vorratsstelle fur Getreide und Futtermittel*, 1970, ECR 1125.

que, em algumas situações, este reconhecimento seja relutante ou problemático. No caso *Ciola v. Land Vorarlberg*[64], o princípio da supremacia do Direito da UE foi desafiado, sem sucesso, sob o fundamento de que não deveria se aplicar a meros atos administrativos da CE. Assim sendo, muitos concluem que a supremacia das leis da UE não é o mesmo que soberania da UE. Não obstante isso, analisando a jurisprudência da Corte Européia, constata-se que a doutrina da supremacia e o efeito direto do Direito da UE se baseiam em uma afirmativa de autoridade original e independente, o que indica que são, portanto, baseados na soberania da UE. Estes conceitos são derivados de algumas premissas, as quais servem de justificativa para a afirmação de soberania da UE pela Corte. As bases fáticas para estas premissas, que incluem, dentre outros, os objetivos da UE e os direitos e poderes das instituições que a compõem, continuam se fortalecendo gradualmente, de modo que a doutrina da supremacia tem se tornado elemento central na realidade jurídica européia.

Não está claro se os Estados, de fato, trasferiram a sua soberania, o que não seria compatível com as suas Constituições. Ao mesmo tempo, as idéias de 'transferência de direitos soberanos', de 'soberania dividida' ou, ainda, de 'soberania limitada funcionalmente', não parecem dar conta da problemática da soberania na UE. Independentemente disto, pode-se constatar que a soberania dos Estados membros foi consideravelmente afetada e tudo indica que este processo tende a se intensificar gradativamente.

---

64 *Ciola v. Vorarlberg*, 1999, ECR I-2517.

4. DEMOCRACIA NA UNIÃO EUROPÉIA

A questão da democracia na União Européia tem sido freqüentemente discutida no meio acadêmico. Normalmente, o foco da análise dos estudiosos é a existência de um "déficit democrático", que existiria desde os primeiros atos da integração regional. De fato, os idealizadores da integração européia — Monnet e Schuman — foram claramente influenciados pela teoria neofuncionalista, segundo a qual, como já vimos, busca-se o sucesso do funcionamento do sistema na tecnocracia e no elitismo, independentemente da participação democrática. O neofuncionalismo é uma teoria sobre a estratégia da integração e não sobre a legitimidade dessa integração.

O termo "déficit democrático" foi cunhado no início dos anos 70 por um professor universitário inglês chamado David Marquad, que, embora favorável à presença inglesa no processo de integração, considerava que o desenvolvimento da integração européia poderia produzir um efeito perverso em grandes proporções porque retirava uma parte da competência dos países membros e a transferia para órgãos executivos sem nenhum tipo de participação popular.

A crítica permanece, apesar de uma das principais reivindicações, a eleição por sufrágio universal direto para o Parlamento Europeu, ter sido atendida. Essa crítica tornou-se um verdadeiro *slogan* em torno do qual constitui-se a mais inusitada das coalizões: nela encontramos europeus convictos, preocupados em reforçar efetivamente o caráter democrático da UE, encontramos, também, anti-europeus mais ferrenhos, tais como alguns partidos conservadores, partidos de extrema direita e partidos populistas, e, por fim, parlamentares europeus que reclamam competências mais amplas e procedimentos de participação nas decisões. Os embates por uma União Européia mais democrática se estendem. Mas, afinal, o que quer dizer democratizar a UE? A resposta a essa pergunta depende do esclarecimento de uma questão clássica em teoria política: O que é democracia? Ou, restringindo de maneira mais apropriada o tema, quais são os requisitos para que um agrupamento político ou social seja considerado democrático?

Várias teorias já surgiram para explicar a democracia. O mais adequado, contudo, seria entender que não existe um tipo único de democracia, mas sim um número variado de formações políticas consideradas democráticas. Ou seja, uma série de modelos de democracia. Em um livro bastante conhecido intitulado *Models of Democracy*, David Held[65] propõe uma série de distinções entre nove modelos genéricos. Os detalhes da classificação abaixo podem ser discutidos, mas o seu objetivo é proporcionar um mapa conceitual e não um catálogo.

1. A idéia grega de cidadania: a democracia é definida como a participação política direta do pequeno número de pessoas consideradas como cidadãos.
2. Republicanismo e auto-governo: novamente a figura do "cidadão ativo" volta à cena, depois de ter sido subs-

---

65 HELD, David. *Models of Democracy*. 3ª Ed. Stanford University Press, Stanford, 2006.

tituída durante todo o período medieval pela imagem do "homem religioso"; agora o número de cidadãos foi alargado e a liberdade individual, definida em termos políticos.
3. *Democracia Liberal:* a democracia existe para garantir a liberdade individual (não na política, mas na vida privada e econômica).
4. *A Democracia Tecnocrática ou Administrativa:* enfatiza a importância do poder centralizado nas mãos de especialistas. As elites estão longe dos cidadãos, que não fazem parte do processo decisório; os conflitos sociais e políticos são baixos, contudo, a liberdade individual é alta.
5. *Pluralismo:* caracterizado pelo equilíbrio de poderes e o respeito pelas minorias, bem como da diversidade de opiniões. Mais ainda, o sistema político é composto de vários atores políticos e é baseado na separação dos poderes.
6. *Democracia Legal:* enfatiza o papel da Constituição e da separação dos poderes, assim como favorece a mínima intervenção do Estado na vida privada e na economia e a criação de uma sociedade civil forte.
7. *Democracia Participativa:* busca a promoção da liberdade individual e do conhecimento dos assuntos comuns pela coletividade através de participação direta dos cidadãos na regulação das principais instituições da sociedade.
8. *Democracia Autônoma:* direitos e deveres iguais para os indivíduos, que são considerados livres e iguais na medida em que não atrapalhem a liberdade individual dos outros.
9. *Democracia Cosmopolita:* é caracterizada pela reforma das instituições nacionais e internacionais de governo e pela evolução da governança.

A transposição do conceito de democracia para o âmbito transnacional, no entanto, sempre gera dificuldades. A questão central é saber sobre que bases deve se construir uma democracia transnacional, em outras palavras, se os mesmos requisitos que deram origem à democracia no Estado-nação são necessários para a construção de uma democracia transnacional.

Respondendo a essa questão, Habermas formula a sua teoria da "constelação pós-nacional". Com este conceito, Habermas busca descrever um contexto mundial, no qual o Estado-nação perdeu parte de sua capacidade de ação, em face do surgimento e/ou agravamento de situações-problema que extrapolam as fronteiras nacionais. As dificuldades impostas pela constelação pós-nacional à plena vigência da democracia são tratadas por Habermas, na Europa, como uma possibilidade para ampliação do processo de formação dos Estados nacionais, de sorte a constituir-se uma comunidade política unificada em torno do sentimento comum de pertença e de uma esfera pública continental.

Os problemas destacados por Habermas como decorrentes da emergência de uma constelação pós-nacional referem-se, em sua dimensão política, às dificuldades de realização da soberania popular (ou seja, da manutenção da democracia em um contexto transnacional). A concretização da soberania popular é apresentada pelo autor como experiência histórica, realizada no âmbito do Estado-nação europeu, já que nesse contexto teriam se constituído os quatro elementos fundamentais para uma comunidade política definir as regras que regulam a vida comum, quais sejam:

a) a diferença de uma esfera especializada na implementação das decisões coletivas de caráter vinculante — isto é, um Estado, em sentido administrativo;

b) a definição das fronteiras da comunidade que atua sobre si própria, isto é, o grupo de cidadãos que compartilha uma ordem social regulada pelo Direito positivo;
c) a emergência, sob a rubrica da nação, de uma identidade cultural comum que possibilite que vínculos de solidariedade próprios aos círculos de conhecidos transponham-se para a forma abstrata de solidariedade cívica entre os membros de uma mesma nação; e
d) a consolidação de um Estado constitucional democrático que permita que os objetos do Direito sejam, ao mesmo tempo, os sujeitos de sua formulação.

Sob diversos pontos de vista, o processo de globalização teria minado as possibilidades de o Estado-nação europeu seguir cumprindo esses quatro requisitos para a consecução da soberania popular. Em primeiro lugar, porque o funcionamento das atividades administrativas do Estado é ameaçado por um acúmulo de fatores transnacionais que vão desde a transnacionalização da economia até o surgimento de riscos ambientais globais. Isso quer dizer que a capacidade do Estado de implementar as decisões tomadas pelos membros da comunidade política nacional foi diminuída graças a uma diversidade de fatores que saem do seu controle.

O problema da necessidade de democratização das instituições transnacionais surge porque os organismos intergovernamentais ou não-governamentais transnacionais, com competência para tratar dessas situações-problema que extrapolam os limites administrativos nacionais, não dispõem das mesmas possibilidades de legitimação conferidas às instituições nacionais.

De acordo com Habermas, o problema da legitimação dos organismos supranacionais ocorre porque a integração social transnacional não acompanhou o processo de integração sistêmica. O processo de integração entre os Estados não construiu uma identidade política ou social transnacional que fizesse com que a população dos diversos Estados sentisse pertencer a uma esfera pública transnacional, de modo a legitimar as atividades das instituições administrativas que estariam habilitadas a resolver as situações-problema.

A ênfase do autor no déficit de integração social se explica pelo nexo por ele estabelecido entre a legitimação democrática e a possibilidade de fundamentação das normas em vigor. Nesses termos, a democracia, no sentido enfático da teoria discursiva, só pode prosperar entre cidadãos que, socializados no âmbito de um mundo da vida secular e sem tradições, estejam habituados e habilitados a buscar, discursivamente, a fundamentação racional das normas sociais. A democracia requer, ainda, a preexistência de uma cultura política comum, a qual fornece as condições de possibilidade da solidariedade entre estranhos e provê o cerne ético-político compartilhado, base cognitiva e motivacional da negociação discursiva em torno das normas que devem regular a vida comum.

No caso da Europa, o autor enxerga com otimismo a possibilidade de superação do déficit de integração social e de legitimidade democrática. Cabe, fundamentalmente, reconstituir, através de um projeto político coordenado, as condições de vigência daqueles pré-requisitos da democracia no interior de cada Estado-nação. Assim, a extensão, por toda a União Européia, do processo de formação nacional, que aconteceu em cada Estado-nação particular, deve permitir o surgimento de equivalentes funcionais, no plano continental, para as culturas políticas comuns, as esferas públicas e as sociedades civis nacionais. Dessa forma, seriam recriadas as condições culturais e institucionais para que se reinstaurasse a solidariedade entre estranhos em toda a Europa e para que o processo de validação democrática das normas tivesse lugar.

Alguns autores consideram, todavia, que as formulações de Habermas acerca da integração na Europa são equivocadas[66]. Uma das principais críticas à teoria habermasiana é o fato de ela desconsiderar que a constelação pós-nacional é marcada pelo desatrelamento entre fronteiras geográficas e fronteiras culturais; qualquer que seja a forma como se defina a cultura política européia, verificar-se-á que esta não se restringe às fronteiras geográficas européias e tampouco está presente em todos os espaços sociais que geograficamente fazem parte da Europa.

Mas, a despeito de toda essa discussão, o que podemos assumir como correto sobre os níveis democráticos na União Européia? Com base em análises sobre as instituições e o processo de formação europeu, entendemos plausível destacar o seguinte:

1. a UE ainda não adquiriu a sua configuração definitiva, tanto em termos de escala territorial quanto em termos de desenho institucional;
2. a UE não é hoje uma democracia e não vai ser, a menos que os Estados membros decidam explicitamente dotá-la de novos direitos e regras;
3. se os Estados membros decidirem dar características democráticas à UE, terão que experimentar novas formas de cidadania, representação e processo de decisão para que a transformação seja bem sucedida. Meramente copiar essas instituições de democracias nacionais

---

66 Ver COSTA, Sérgio. *Dois Atlânticos — teoria social, anti-racismo, cosmopolitismo.* Belo Horizonte: Editora UFMG, 2006.

existentes, até mesmo as federativas, não será suficiente — e pode até mesmo ter efeitos contraproducentes; e

4. não importa o quão relutantes ou mal-informados os Estados-membros sejam sobre o que fazer, eles terão que democratizar a UE ou se arriscar a perder o que já alcançaram (alto nível de integração econômica e um grau razoável de segurança comum).

Em princípio, uma eventual UE democrática teria que satisfazer todas as características genéricas de uma democracia moderna, que pode ser definida como *"um regime ou sistema de governança no qual os legisladores são mantidos responsáveis por suas ações na esfera pública pelos cidadãos, que agem indiretamente através da competição e cooperação de seus representantes."*[67]

Note-se que, de acordo com essa definição, a democracia não consiste em nenhuma configuração particular de instituições e não está relacionada a nenhum nível específico de agregação. É importante reparar, também, que os representantes de que tratamos aqui são aqueles eleitos para sustentar os interesses e realizar o verdadeiro trabalho de governo. Isso pode parecer lógico para quem está acostumado com um Estado democrático que mantenha os seus poderes divididos entre Legislativo, Executivo e Judiciário, sendo pelo menos os membros do Legislativo e do Executivo eleitos. Mas essa não tem, necessariamente, que ser a estrutura adotada pela UE, e, na verdade, não é a adotada hoje. Os membros do Legislativo não são todos eleitos (somente o Parlamento Europeu é eleito por sufrágio direto) e nenhum dos membros do Executivo é eleito diretamente.

---

[67] SCHIMITTER, Philippe C. e KARL, Terry. *What Democracy Is and Is Not*, "Journal of Democracy 2", nº 3,1991, p. 75-78.

O ponto é que nem todos os membros do Legislativo e de Executivo precisam ser eleitos para que se configure uma democracia. Essa responsabilidade dos legisladores pode assumir muitas formas diferentes. Apesar de as eleições livres e justas receberem a maior parte das atenções, elas são, na verdade, uma propriedade que emerge do relacionamento de três atores políticos distintos, levando em conta a sua liberdade de atuar e seu peso político: legisladores, cidadãos e representantes.

Dentro desse conceito de democracia, podemos dizer, simplificadamente, que uma eventual UE democrática teria que ser um regime com uma esfera pública própria na qual os cidadãos teriam de ser capazes de assegurar (por meio da competição e cooperação entre seus representantes) a responsabilização dos legisladores encarregados de implementar as promessas feitas a cada um dos atores políticos. Temos, portanto, três tipos básicos de atores: cidadãos, legisladores e representantes, cujos comportamentos devem ser regulares e confiáveis de forma a garantir a responsabilização. A regularidade e confiabilidade da relação entre os atores requer que eles sejam, pelo menos em parte, protegidos por normas legais.

Portanto, para que a democracia na UE seja possível, é necessário criar um espaço público verdadeiramente europeu. De fato, um fator central para caracterizar uma democracia forte é a existência de uma esfera pública, ou seja, o local onde indivíduos se relacionam uns com os outros, não em termos de relações de poder ou de relações de mercado, mas como cidadãos politicamente iguais.

A esfera pública delineia o espaço no qual os cidadãos se reúnem para debater acerca de interesses comuns. Este tipo de espaço público pode ser facilmente contemplado na antiga cidade-estado grega ou nos níveis locais de poder da democracia contemporânea todavia, é muito mais difícil de se imaginar em áreas metropolitanas ou em um contexto transnacional onde existem inúmeras línguas. É por essa razão, talvez, que as discussões contemporâneas acerca da esfera pública, em geral, e do espaço público europeu, em particular, se concentram no papel da mídia nas democracias modernas e no potencial que as novas tecnologias de comunicação, como a *internet*, podem ter de substituir efetivamente os espaços públicos físicos.

Outra dificuldade que a UE tem de enfrentar para alcançar a democracia é a formação de uma cidadania européia forte. Essa questão está diretamente relacionada com a questão da formação da esfera pública européia. Somente indivíduos que se identifiquem como cidadãos europeus politicamente iguais poderão debater acerca dos interesses comuns, buscando soluções que sejam melhores para todos.

Pode-se concluir que o modelo proposto por Habermas para a democracia transnacional européia tem sido questionado, principalmente no que se refere ao ideal de transposição dos requisitos essenciais de democracia no âmbito do Estado-nação (povo, sociedade civil, esfera pública) para o âmbito supranacional. Segundo os críticos, isso não é possível porque essas categorias foram criadas especialmente para as democracias nacionais, e sua transposição, sem maiores análises, poderia trazer efeitos prejudiciais para o próprio desenvolvimento da União Européia.

Um problema a ser considerado, ainda, é a taxa de abstenção nas eleições européias, que vem crescendo desde 1979. Para se ter uma idéia, nas eleições para o Parlamento Europeu, realizadas entre 4 e 7 de junho de 2009, somente 43% dos eleitores europeus compareceram para votar, o que representa uma redução em relação à taxa de 45,5% registrada em 2004. Tais números são indício do "isolamento" do processo decisório da União Européia e demonstram a distância existente entre os políticos europeus e os eleitores.

No entanto, muitos dos políticos europeus encaram esta apatia como consequência de má-compreensão por parte da população. O presidente da Comissão Europeia, José Manuel Durão Barroso, declarou certa vez que a taxa de abstenção seria razoável e que, no conjunto, a vitória reverteria inegavelmente para os partidos e os candidatos que apoiam o projeto europeu e desejam ver a União Européia adotar políticas de acordo com as suas preocupações quotidianas.

Posições como esta, que reflete o pensamento da maioria dos políticos da União Européia, reforçam ainda mais a idéia de que há, de fato, uma defasagem democrática no processo de construção européia. A atitude da população perante às eleições é uma prova de insatisfação, frustração e falta de confiança.

Pode-se afirmar que o desinteresse da população é consequência de um projeto que afasta a tomada de decisão política da vista dos cidadãos europeus. Uma das características do processo político europeu é que ele não sofre as pressões públicas nem sente o dever de justificação política a que estão sujeitos os parlamentos nacionais. A maior parte da legislação européia é formulada por centenas de grupos de trabalho, criados pelo Conselho da União Européia, que são desconhecidos pelo público e, desta forma, acabam por contornar as formas habituais do dever de justificação democrática.

Esta institucionalização da tomada de decisão em isolamento enfraquece consideravelmente a capacidade dos políticos europeus de motivar os eleitores. Assim, os altos níveis de abstenção não seriam um problema de compreensão por parte da população, mas a consequência lógica de um sistema construído por manobras políticas nos bastidores, o que faz com que os dirigentes europeus surjam mais como burocratas do que como líderes políticos.

Neste sentido, Mario Dehove, professor de economia da Universidade de Paris XIII, afirma que a União passou a ser, para os Estados-membros, "mais um espaço de deliberação e de razão, do que um espaço de negociação e de paixão".[68] Como já visto, o processo de integração européia foi, desde o início, predominantemente econômico, tendo, mais tarde, se expandido para os campos político, social e cultural, como resposta à necessidade que surgia de uma integração que fosse além da meramente econômica. Sem embargo, tal expansão ainda está muito aquém do nível atingido pela integração econômica. Segundo o ex-presidente do Parlamento Europeu, Josep Borrell[69], a necessidade de uma integração mais completa ficou evidente com a crise econômica e financeira mundial deflagrada em 2008. O Bloco Europeu não foi capaz de elaborar e colocar em prática um plano de recuperação comunitário como resposta à crise. As soluções foram discutidas e adotadas, mormente, em âmbito nacional, o que explicaria porque os cidadãos começaram a questionar o papel da Europa face a uma crise global[70]. A falha em haver uma resposta comunitária à crise teria sido mais um fator de aumento da descrença popular na UE.

---

68 DEHOVE, Mario. *Un espace démocratique en devenir*. In "Alternatives Economiques — L'Europe". *Hors-Série* n° 81. Paris, 3° trimestre de 2009. p. 60.

69 Presidente do Parlamento Europeu entre julho de 2004 e janeiro de 2007.

70 BORRELL, Josep. *L'Europe face à la crise*. In "Alternatives Economiques — L'Europe". *Hors-Série* n° 81. Paris, 3° trimestre de 2009. p. 48.

Para Borrell, outro fato que contribui para a frustração da população é a jurisprudência do Tribunal de Justiça da UE em matéria social. A corte tem facilitado a contratação de assalariados por empresas com base nas normas de seus países de origem, em detrimento das regras dos países onde são contratados. Isto vem gerando descontentamento por parte de alguns grupos, a exemplo do protesto de trabalhadores britânicos na refinaria de petróleo de Lindsey, na Inglaterra, em janeiro de 2009, contra a contratação de estrangeiros, sobretudo portugueses, que seriam pagos segundo as leis de seus países de origem. Borrell ressalta que a democracia se legitima por sua capacidade de equilibrar a dinâmica do mercado com a da coesão social, e acrescenta que a Europa atual enfatiza sobremaneira o mercado, mas não suficientemente a questão social, o que a impede de se desenvolver como um ator político.

A UE vem, há muito, adiando a criação de um verdadeiro espaço político europeu. Para Dehove, as razões seriam o medo do federalismo, a incapacidade de se pensar instituições novas e, sobretudo, o peso significativo que os governos e as organizações políticas nacionais ainda detêm no funcionamento da União.[71]

Como resultado, para alguns, configura-se um espaço político tecnocrático, frio e incapaz de suscitar entusiasmo, produtor de individualismo e de liberalismo. Para outros, trata-se de um escudo contra os excessos do romantismo nacional e dos furores da política, um sistema político fundado na razão.

Dehove afirma que a integração européia criou uma nova forma de fazer política. A relação entre os Estados-

---

[71] DEHOVE, Mario. *Un espace démocratique en devenir*. In "Alternatives Economiques — L'Europe". *Hors-Série* n° 81. Paris, 3° trimestre de 2009. p. 60.

membros é distinta do tipo de relação que é comumente mantida entre os Estados-nação e vai muito além da tradicional política externa, mas ainda está longe de ser uma relação entre províncias de uma federação. Esta nova dinâmica é mantida pela combinação de vários fatores tais como: os interesses econômicos comuns construídos; a adaptação das administrações e dos governos para trabalharem em conjunto; a importância conferida ao Direito; o respeito aos compromissos assumidos; a lealdade entre os Estados-membros; e a abdicação da defesa primária dos interesses nacionais, em prol dos interesses comunitários.

Este sistema é conservado pelo equilíbrio sutil do triângulo institucional da União, formado pela Comissão, pelo Parlamento e pelo Conselho. Segundo Dehove, ao contrário do que é comumente aceito, os estreitos laços criados por esse novo espaço de interação não seriam conseqüência da Guerra Fria e da solidariedade entre países na proteção contra um inimigo comum — pois a UE continuou a se desenvolver e a se expandir mesmo após a queda da União Soviética. A integração européia não estaria intrinsecamente ligada ao liberalismo, mas o espaço liberal que tem direcionado o Bloco nas últimas três décadas seria muito mais o fruto de um movimento histórico geral, impulsionado pelos governos nacionais — liderados pela França — do que de uma necessidade.

Dehove salienta que "os sistemas de proteção social têm resistido bem mais na Europa do que em outras partes, e as desigualdades têm aumentado em ritmo menor"[72]. Assim, contextos políticos opostos conviveriam amigavelmente dentro do mesmo projeto de construção européia, o

---

72 DEHOVE, Mario. *Un espace démocratique en devenir*. In "Alternatives Economiques — L'Europe". Hors-Série n° 81. Paris, 3° trimestre de 2009. p. 61.

que restaria demostrado pela sua história, particularmente levando-se em conta dois projetos importantes no processo integratório, quais sejam o projeto de uma moeda única, o Plano Werner[73], de 1969, de inspiração dirigista[74], e o projeto Delors, de 1989, que previa a construção de uma "Europa Social".[75]

---

[73] Elaborado por um grupo de trabalho liderado por Pierre Werner, Primeiro Ministro e Ministro de Finanças de Luxemburgo, à época,

[74] A moeda única é associada à planificação e a uma política européia de rendas.

[75] Jack Delors, presidente da Comissão Européia entre 1985 e 1995, defendia que o programa do mercado interno europeu deveria ser complementado por uma dimensão social, que iniciaria com a garantia de direitos e liberdades aos trabalhadores europeus. Para Delors, era necessário haver regulação do mercado de trabalho em nível supranacional e, posteriormente, a criação de um sistema europeu de relações industriais. APELDOORN, Bastiaan van. *Transnational Capitalism and the Struggle over European Integration*. Routledge, 2002. p. 147-149.

5. FORMAÇÃO DA IDENTIDADE CULTURAL EUROPÉIA

No capítulo anterior analisamos, dentre outros assuntos, se a formação de uma identidade européia é pressuposto para a existência da democracia na UE. Todavia, não é só nesse sentido que se mostra relevante estudar a construção da identidade no âmbito da Europa. De fato, a discussão acerca da possibilidade ou não de assimilação de uma identidade abrangente supranacional é uma questão essencial para a própria sobrevivência da União Européia como ente político. Os idealizadores da UE sabiam que uma construção política dessa magnitude só poderia garantir sua sobrevivência se contasse com meios de legitimar a sua existência; por esse motivo é que imaginaram para o projeto da União Européia um percurso entre duas margens: o horizonte civilizatório da identidade cultural européia (como forma de legitimação política da existência), de um lado, e a institucionalização jurídica (como forma de garantir a efetividade da implementação de políticas comuns), de outro[76].

---

76 A base da legitimidade institucional na União Européia encontra-se nos tratados. No entanto, a complexidade normativa dos mesmos exige uma especialização que, no geral, está ausente na formação do cidadão

Mas será mesmo necessária a formação de uma identidade comum para legitimar os atos da UE? É certo que o processo de contrução da UE trilhou, sobretudo e mais longamente, caminhos econômicos e comerciais, tendo suas dimensões culturais e sociais — no sentido da prática quotidiana da vida democrática em sociedade — evoluído mais lentamente. A preocupação com uma "política de identidade" só se torna mais evidente a partir do processo de ratificação do Tratado de Maastricht (1992-93), com a busca do referendo popular para a criação da cidadania européia. O significado de uma cidadania, assim como o significado de uma Constituição, revelam uma inescapável conexão com os aspectos de assimilação de uma identidade coletiva na vida cotidiana e envolvem mudanças de crenças, valores sociais e jurídicos que se revelam na convivência civil e social dos indivíduos, na medida em que implica a substituição ou superposição de uma identidade política e social mais ampla do que a do Estado nacional. No entanto, a preocupação com a formação de uma identidade legitimadora já estava no projeto anterior à União Européia. Desde a "Europa Européia" de De Gaulle ao Plano Shuman no período pós-Guerra, não se cogitava uma integração sem identidade.

Como, no entanto, formar uma identidade cultural abrangente na Europa? Essa identidade é realmente necessária e/ou desejável para a evolução do processo de integração europeu? São essas as duas principais questões que são colocadas à nossa frente quando nos propomos a estudar a formação de uma identidade cultural européia e são elas que pretendemos abordar neste capítulo.

---

comum. Surge, assim, a necessidade de encontrar meios para resolver tanto a questão da legitimidade formal como a da legitimidade social.

5.1 Breves Comentários Acerca da Concepção de Identidade Cultural

A sociedade em que vive o sujeito não é um todo unificado e monolítico, uma totalidade, que flui e evolui a partir de si mesma, pois está também constantemente sendo descentrada e deslocada por forças externas.

As identidades são contraditórias e as pessoas participam de várias simultaneamente, em combinações às vezes conflitantes, tais como ser mulher, pobre, homossexual e negra ao mesmo tempo. Vale também dizer que essa identidade muda com a forma como o sujeito é interpelado ou representado e que sua identificação nem sempre é automática, que ela precisa ser conquistada e que pode ser alienada politicamente.

Por estes motivos é que alguns autores defendem que, em vez de se falar de identidade como uma coisa acabada, deveríamos falar de uma *identificação*, de um processo, e que essa identidade nunca é plena dentro dos indivíduos, ao contrário, ela precisa ser "preenchida" e desenvolvida.

Podemos verificar, por conseguinte, que as identidades, mesmo as nacionais, não são nem genéticas nem hereditárias, ao contrário, são formadas e transformadas no interior de uma representação. Uma nação é, nesse processo formador de uma identidade, uma comunidade simbólica em um sistema de representação cultural. A cultura nacional é um discurso ou modo de construir sentidos que influenciam e organizam tanto as ações quanto as concepções que temos de nós mesmos.

Seria justo afirmar que os povos modernos vivem a dialética da *tradição* e da *tradução*, que persiste na conservação de suas raízes ao mesmo tempo em que busca a transferência de sistemas simbólicos (de umas regiões para outras e também do exterior) que permitam acelerar seu próprio desenvolvimento social e cultural.

5.2 Construção de uma Identidade Européia

A construção de uma identidade cultural européia abrangente dependeria, nesse sentido, da eficiência dos Estados-membros da UE em construir um sistema de representação cultural forte o bastante para que o sentimento de pertença evolua a ponto de construir uma comunidade simbólica.

Habermas enfatiza a necessidade de formação de uma identidade cultural para a Europa unificada[77]. O autor partilha, em linhas gerais, da teoria acima exposta das "comunidades imaginadas" e, nesse diapasão, mostra que a cultura política européia comum não está dada *a priori*, mas deve ser formada ao longo do processo de constituição da União Européia. Não se trata, portanto, de um povo europeu preexistente e definido como substrato pré-político, como se fosse de uma comunidade étnica predestinada e unida por laços de sangue. Trata-se, antes, de uma comunidade de cidadãos que se constitui *ad hoc*, no próprio decorrer do processo de formação da opinião e da vontade no interior da União Européia. Ao mesmo tempo, contudo, o autor admite que a motivação dos europeus para participar do projeto de unificação não pode advir apenas das vanta-

---

[77] Para entender melhor a maneira como a identidade cultural comum européia é tratada por Habermas consultar: HABERMAS, Jürgen, *Por uma política externa comum*, disponível em http://www7.rio.rj.gov.br/cgm/comunicacao/clipping/ver/?3324 (consulta realizada em 30 de junho de 2007). O artigo foi originalmente publicado nos jornais "Frankfurter Allgemeine" e "Libération" na edição de 31 de março de 2003.

gens econômicas prometidas; são necessárias "orientações comuns de valores", as quais já existiriam no corpo de uma "forma de vida" e de uma "cultura" européias:

"*As vantagens materiais contam como argumento para a expansão da União Européia somente quando tratadas no contexto de uma força de atração cultural que vai além da dimensão meramente econômica. A ameaça a tal forma de vida e o desejo de sua preservação alimentam a visão de uma Europa, a qual quer se defrontar com os desafios atuais uma vez mais de forma inovadora*"[78].

Se as motivações para participar do projeto de unificação não podem ser apenas econômicas, como construir, então, uma identidade que considere a institucionalidade de Bruxelas (construída com o objetivo de proteger e assegurar, em primeiro lugar, a integração econômica) como representação do "desejo" de pertencer a uma união regional?

Habermas evoca, ainda, uma cultura européia marcada pela tolerância e pela autocrítica, traços que teriam raízes no esclarecimento, na experiência de construção do Estado democrático e, mais recentemente, no ciclo de parcimônia política imposta pela Guerra Fria, para embasar a formação de uma identidade comum européia. Assim, vemos que, para o autor, é possível depreender o cerne da identidade européia das experiências históricas comuns aos diversos países membros da UE.

Entretanto, essa posição não é pacífica. Há autores, como vimos, que discordam da teoria de Habermas segundo a qual seria possível transpor para o âmbito supranacional categorias construídas especificamente para o âmbito nacional. Nesse sentido, Sérgio Costa ressalta que

---

[78] HABERMAS, Jürgen. *Direito e Democracia. Entre Facticidade e Validade*. Editora Tempo Brasileiro, Rio de Janeiro, 1997.

"*a tentativa de encontrar experiências históricas comuns aos diversos países (...) indica que Habermas, por mais que insista na idéia de uma nação européia, quer, de fato, definir, no âmbito continental, o equivalente funcional de povo (Staatsvolk), no âmbito do Estado nacional*"; e continua: "*A busca desse traço comum (...) parece fadada, por diversas razões, ao fracasso.*"[79]

Trata-se de uma concepção de povo cujo traço comum se define não pela ascendência ou vínculo de sangue, mas pela história compartilhada. De acordo com Sérgio Costa,

"*do ponto de vista ideológico, parece pouco plausível que a alusão ao processo de construção dos Estados nacionais europeus como êxito político inequívoco, coroado no pós-guerra com a generalização da democracia, possa mobilizar, politicamente, os europeus a abraçar a identidade européia*".[80]

Isso se dá porque, apesar de a construção dos Estados-nacionais ser efetivamente um traço histórico comum a todos os países da Europa Ocidental, o processo histórico de formação da nacionalidade foi traumático.

Ainda segundo o autor,

"*a prosa filosófica que descreve a ampliação gloriosa dos horizontes existenciais como fenômeno que acompanha a reacomodação das referências e lealdades locais sob a chave nacional ofusca a dinâmica histórica efetiva de construção dos Estados-nações. Na maior parte dos ca-*

---

79 COSTA, Sérgio. *Dois Atlânticos — Teoria Social, anti-racismo, cosmopolitismo*. Belo Horizonte: Editora UFMG, 2006. p. 26.
80 *Ibid.*, p. 26-27.

sos, esse processo se fez com base na subjugação de minorias e da imposição, muitas vezes através do abuso aberto da violência, de um conjunto arbitrário de manifestações como baluarte de uma cultura nacional".[81]

O fim da guerra fria mostrou que a construção nacional na Europa, a despeito de sua indiscutível eficácia narrativa, estava longe de representar, no plano da integração social e da contrução de vínculos voluntários de pertença, uma auto-evidência empírica. Se a construção da identidade pós-nacional seguir o padrão da formação das nações na Europa, como quer Habermas, estará associada: (i) a alguma forma de repressão das diferenças culturais que sejam divergentes da identidade européia a ser construída (devido à diversidade cultural existente hoje na Europa, a plausibilidade de implementação desse projeto político é seguramente discutível); e (ii) à contrução, no plano narrativo, de uma identidade abrangente, mas fracamente ancorada no seio societário.[82]

A isso se soma a evidência de que a Europa Ocidental, apesar de todas as barreiras impostas à entrada de estrangeiros, transforma-se cada vez mais em um continente de imigrantes, boa parte deles conhecedores da história européia a partir de uma perspectiva muito distinta daquele painel heróico traçado por Habermas e que culmina com a vitória da democracia. Falamos dos descendentes das gerações escravizadas ou exploradas pelos poderes coloniais europeus. Para eles, as glórias do Estado-nação europeu apresentam-se diretamente associadas à memória amarga da humilhação moral, da espoliação econômica e da submissão política.

---

81 Ibid. p. 27.
82 Ibid., p. 26-27.

Existe, ainda, mais uma dificuldade na construção de uma identidade européia comum entre os europeus que deve ser analisada: se ela de fato vier a ser construída, parece inevitável que passem a operar, dentro da "comunidade européia imaginada", os mecanismos inevitáveis de inclusão e exclusão que marcam os grupos vinculados por uma identidade comum. Isso implica que a construção de uma identidade cultural européia e a decorrente formação de um povo europeu — mesmo que plural e esclarecido — se dariam à custa de algum tipo de estabelecimento de fronteiras simbólicas para o reconhecimento de membros e não membros e da recusa correspondente do igual valor dos não europeus — o outro lado da relação identitária.

Devemos discutir se a integração social pós-nacional requer a construção de uma identidade comum abrangente. Essa necessidade parece apoiar-se na premissa, ao que tudo indica equivocada, de que objetivos políticos comuns só podem ser constituídos por aqueles que, não partilhando de um modo de vida comum, sintam-se pelo menos pertencentes à mesma comunidade cultural.

Com efeito, os estudos empíricos sobre as transformações sociais que acompanham o processo de integração econômica e política na Europa mostram que já existem culturas transnacionais setorializadas que, contudo, não convergem para a formação de uma identidade cultural política européia comum.

Para muitos críticos, os estudos mostram que a integração social em curso na Europa tem um caráter fragmentário e descentralizado. Nada indicaria que o projeto de uma identidade européia pudesse unificar, em torno de uma sociedade civil e uma esfera pública continental, os diferentes contextos comunicativos transnacionais que vêm se constituindo.

Por todos esses motivos, é pouco provável que os europeus decidam se submeter a um processo doloroso de repressão das diferenças culturais que sejam divergentes da identidade européia a ser construída. A União Européia tornou-se cada vez mais importante nas vidas dos cidadãos, ao mesmo tempo em que está perdendo apoio popular. Ela é responsável por 75% da legislação econômica através de seus Estados membros, e por mais de 50% de toda legislação interna. No entanto, levantamentos mostram que na maioria dos Estados membros, há menos entusiasmo pela UE do que antes. As razões normalmente apresentadas são a falta de democracia na UE e seu distanciamento das preocupações das pessoas comuns. Da mesma forma, os níveis de confiança na UE diminuíram; no entanto, em média, praticamente não há diferença entre quando a UE era constituída de apenas 15 Estados-membros e a UE depois do alargamento. Em ambas, a percentagem média de inquiridos que confia na UE ronda os 40%. Em segundo lugar, verifica-se que é na União anterior ao alargamento que existem os países cujos habitantes confiam mais e menos na UE. Dentro do primeiro grupo, temos a Grécia (68%), Portugal (60%) e Espanha (58%), enquanto no segundo, podemos incluir o Reino Unido (19%), a Suécia (29%) e a Áustria (31%). Os 10 novos membros têm atitudes menos extremas, variando as suas percentagens entre os 57% (Chipre) e os 33% (Polônia). De salientar que apesar do Chipre ser, dos novos países, aquele cujos habitantes mais confiam na UE, desde o Outono de 2003, a percentagem de cipriotas que tende a confiar diminuiu 8%.

Gráfico 2.6 - Confiança na UE nos 25 actuais estados membros
(% de inquiridos que tendem a confiar)

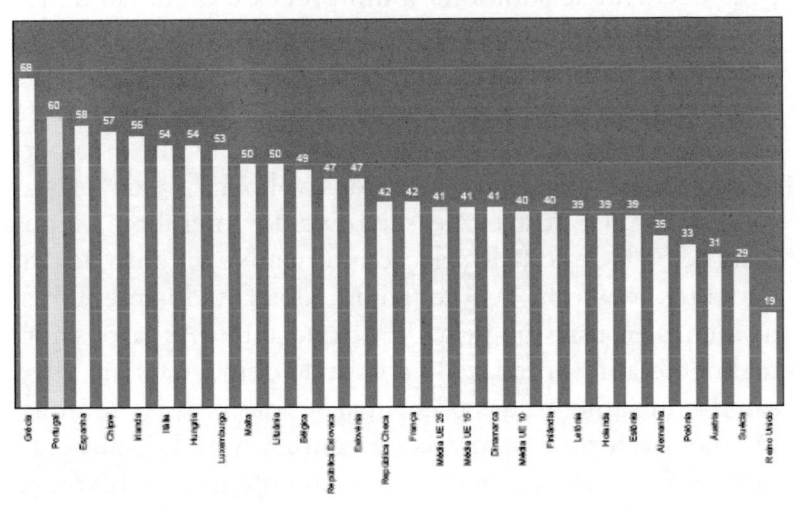

Fonte: Eurobarometer, EB nº 61, 2004

5.3 Da Cidadania Européia

Historicamente, a idéia de cidadania é mais antiga do que a de nação, mas no Estado moderno, os dois conceitos sempre se complementaram para justificar a atribuição de direitos e deveres de uma dada ordem jurídica e política. No caso da UE, a identidade coletiva é fundamental para a cidadania, sendo que institutos de pesquisa da opinião pública europeus vêm produzindo esforços para o mapeamento dos graus de aceitação de uma identidade européia e divulgam, periodicamente, diagnósticos sobre a percepção social da relação entre a cidadania nacional e européia.

O Tratado de Maastricht, Tratado da União Européia, de 1992, em seu artigo 8º, estabeleceu a cidadania européia:

"É instituída a cidadania da União. É cidadão da União qualquer pessoa que tenha a nacionalidade de um Estado-membro. Os cidadãos da União gozam dos direitos e estão sujeitos aos deveres previstos no presente Tratado."

O Tratado de Amsterdã, de 1997, modificou o referido artigo:

"O inciso 1 do artigo 8º passa a ter a seguinte redação: É instituída a cidadania da União. É cidadão da União qualquer pessoa que tenha a nacionalidade de um Estado-Membro. A cidadania da União é complementar da cidadania nacional e não a substitui."

Esta última afirmação de que a cidadania européia não substitui a nacional pode parecer um tanto banal; contudo, tem causado grandes discussões e reflete a ansiedade que há acerca do assunto. Para alguns, a cidadania européia é tida como um aspecto vazio, irrelevante e um dos menos bem-sucedidos do Tratado de Maastricht. Os defensores da cidadania européia estão esperançosos de que ela se torne uma realidade social e não apenas formal; por outro lado, os que são contra estão temerosos. Ao que parece, a mudança trazida pelo Tratado de Amsterdã teria sido desnecessária, tendo servido tão-somente para agradar e conter esses dois grupos.

Para muitos autores, o tema da cidadania é de grande relevância, por ser potencialmente um símbolo de grande alcance e apresentar alguns perigos. Ademais, deve-se levar em consideração que a história da integração européia é repleta de idéias e políticas que, a princípio, pareciam triviais, mas que, depois, revelaram-se extremamente importantes. Tendo em vista que idéias e símbolos podem moldar atitudes e, possivelmente, políticas e regulamentações, a discussão da cidadania é importante não só para a teoria da integração européia, mas também para a sua *praxis*.

De acordo com as instituições da União Européia, a criação da cidadania teve o propósito de fortalecer a identidade européia e fazer com que os cidadãos europeus participassem mais intensamente no processo de integração.

A criação deste novo *status* legal pelo Tratado de Maastricht causou grande perplexidade, uma vez que os nacionais dos países membros, além dos seus direitos como tais, passariam a gozar de direitos (e deveres) advindos da União Européia. Entretanto, o capítulo da cidadania parece ter concedido poucos direitos que já não eram concedidos pelos Estados membros, sendo que alguns são explicitamente direcionados a todos os residentes e não apenas aos cidadãos. Encontram-se muito poucos aspectos que normalmente são considerados como políticos e associados com a cidadania. Há promessas de livre circulação e residência nos países da União Européia, bem como guarantias de participação em eleições locais e do Parlamento Europeu.

Os direitos trazidos pela Cidadania da União foram:

- direito de livre circulação de pessoas e residência nos território dos Estados-membros;
- direito de votar e candidatar-se em eleições locais e do Parlamento Europeu no país de residência, nas mesmas condições que os nacionais daquele Estado;
- direito de obter proteção diplomática das autoridades de qualquer Estado-membro, nas mesmas condições de um cidadão daquele Estado, quando se encontrar em território onde o Estado de que é cidadão não possuir representação diplomática;
- direito de peticionar para o Parlamento Europeu e apelar para o *Ombudsman* europeu;

- direito de escrever para as instituições européias em um dos idiomas oficiais (inglês, italiano, espanhol, português, francês, irlandês, holandês, alemão, grego, dinamarquês, sueco e finlandês) e de obter resposta no mesmo idioma; e
- direito de acessar documentos do Conselho da UE, Comissão Européia e Parlamento Europeu, exceto em casos acordados legalmente.

Os Tratados das Comunidades Européias davam garantia de livre circulação para pessoas economicamente ativas, mas geralmente não para as demais. O Tratado de Paris, de 1951, estabelecendo a Comunidade Européia do Carvão e do Aço, concedeu o direito de livre circulação de trabalhadores destas indústrias e o Tratado de Roma, de 1957, instituiu o direito de livre circulação de trabalhadores e serviços. Não obstante, o Tribunal de Justiça da UE entendeu que os referidos tratados não tinham finalidade estritamente econômica, mas também social. No caso Levin, o Tribunal de Justiça da UE entendeu que a liberdade para conseguir emprego era importante, não apenas como meio de criar um mercado único para o benefício da economia dos Estados-membros, mas como um direito do trabalhador de elevar seu padrão de vida. De acordo com a jurisprudência da referida Corte, os direitos de livre circulação se aplicam independentemente da intenção do trabalhador de conseguir emprego no país estrangeiro ou de ele ter necessidade ou não de assistência financeira por parte do Estado para o qual está se mudando. Desde então, o tribunal tem sustentado que o trabalhador tem direito à livre circulação, de acordo com os tratados mencionados acima. Todo nacional de um Estado-membro, economicamente ativo ou não, que se encontra no território de outro Estado-embro, já possuía o direito à não-discriminação (artigo 12 do Tratado da Comunidade Européia), mesmo antes do Tratado de Maastricht. Com efeito, pouco mudou para os europeus com a instituição da cidadania, uma vez que, segundo interpretação do Tribunal de Justiça da UE, já gozavam de direitos à livre circulação até mesmo antes do Tratado de Maastricht. A lógica da livre circulação de bens que necessitava de uma tarifa externa comum européia foi rapidamente assimilada; em contrapartida, a mesma lógica para a livre circulação e residência de pessoas foi rejeitada. A cidadania européia não significa que houve uma harmonização nas regras e condições para a concessão de cidadania em cada Estado membro. Qualquer pessoa que possua a nacionalidade de um Estado-membro é automaticamente um cidadão europeu. Porém, é ainda o Estado, exclusivamente, quem detém a autoridade de determinar quem possui a nacionalidade ou não, é ele quem estabelece as condições e regras para a aquisição e perda da nacionalidade. Assim, a autoridade máxima no que concerne à entrada e saída de pessoas ainda é dos Estados nacionais.

Isto nos remete à pergunta: por que as autoridades optaram por criar o conceito de cidadania européia, se este foi adicionado a um pacote pré-existente de direitos e deveres? Isto é, se, com relação às pessoas, não tinham a intenção de promover os consideráveis avanços verificados no campo das mercadorias, apenas manter as já existentes, por que instituir a cidadania européia?

5.4 Perspectivas para a Cidadania Européia

Se levarmos em conta o conceito tradicional de cidadania ligado ao Estado, à nação e ao povo, a sua introdução no processo de integração européia fica problemática. Conflita com um dos seus paradigmas que é "estabelecer uma união ainda mais próxima entre os povos da Europa". O lema de não estabelecer um povo europeu, mas a união de muitos, difere a UE consideravelmente de federações como os Estados Unidos, a Austrália e o Brasil, por exemplo, que, apesar de tentarem preservar a diversidade, sempre primaram pela existência de um único povo no nível federal. Nesse sentido, a introdução da cidadania européia poderia significar uma mudança na finalidade da UE, passando da união de povos europeus para um povo europeu. O resultado desta profunda mudança seria que a pessoas se veriam como cidadãos europeus, da mesma maneira que se vêem como cidadãos alemãos ou franceses hoje, por exemplo. Cidadãos da Europa se tornariam, portanto, não apenas formalmente, mas também em suas consciências, *cidadãos europeus*.

Importante salientar que a introdução da cidadania européia foi acompanhada por uma insatisfação social em relação à UE que ameaçava minar a sua legitimidade política. É interessante compreendermos a origem desta insatisfação. O descontentamento não era com relação ao Tratado da União Européia em si, mas à própria situação da Europa. Qual seria a razão da mudança de comportamento em relação à integração?

No período de fundação da CE/UE, havia grande entusiasmo e a construção européia era tida como imperativo moral para lidar com a herança da Segunda Guerra Mundial. Os governos podiam estar buscando seus próprios interesses ao promoverem a integração, mas esta, no entanto, podia adquirir a nobre roupagem do idealismo que surgia, cujos elementos centrais eram a restauração da prosperidade econômica em um contexto de solidariedade social transnacional e a concepção da guerra como impossível e impensável. No entanto, uma vez que os objetivos são atingidos e o imperativo moral é afastado, o que resta é pura política, podendo ser descartada.

Em uma análise mais profunda, para além da perda dos seus valores espirituais originais, a UE pode ser associada a uma visão de ressentimento social. Ernst Nolte, de acordo com J. H. H. Weiler[83], desenvolveu um extenso estudo sobre as origens do fascismo nas suas versões européias variadas. Em sua análise, Nolte concluiu que a origem do fascismo na Itália, França e Alemanha, no início do século XX, tem como fonte comum uma reação a algumas manifestações da modernidade.

Em um nível pragmático, as principais manifestações de modernidade foram o aumento da burocratização da vida pública e privada, o "abstratismo" da vida social, a rápida urbanização, a centralização do poder, a mercantilização dos valores e a "despersonalização" do mercado (através do consumismo de massa e das marcas). Em um nível epistemológico, a modernidade foi baseada e experimentada numa tentativa de agrupar o mundo em conceitos inteligíveis pela razão e pela ciência. Neste sentido, o fascismo foi uma resposta e uma exploração da angústia gerada por estes desafios práticos e cognitivos.

Estranhamente, pode-se afirmar, atualmente, que a União Européia está reconstruindo estas mesmas facetas, pois se tornou um perfeito exemplo de burocratização e de centralização. Uma das políticas mais conhecidas, a Política Agrícola Comum, tinha historicamente o propósito de racionalizar as terras agrícolas, mas, na prática, significou urbanização. O mercado comum, com a sua ênfase na competitividade e circulação transnacional de bens, pode ser

---

83 WEILER, J. H. H. *The Constitution of Europe*. Cambridge University Press. 2nd Ed, Cambridge, 2000, p. 330.

compreendido como um impulso à mercantilização dos valores (a lógica da Comunidade faz com que um tema como aborto seja tratado como um "serviço", por exemplo) e a "despersonalização" de todo o mercado nacional. Não apenas os produtos locais foram prejudicados, como também os produtos nacionais ficaram sem diferenciação. O transnacionalismo da Comunidade, que fora celebrado anteriormente como uma reinvenção do idealismo iluminista, apresenta-se como algo universal, racional, transcendente e completamente modernista.

Há muitas repostas sociais a esse fenômeno. Uma delas tem sido a busca por qualquer força que confira sentido à vida. Quase paradoxalmente, mas talvez não, a contínua atração do Estado nacional e o sucesso de formas extremas de nacionalismo em muitas sociedades derivam, em parte, do fato de que a nação e o Estado são meios poderosos de resposta à busca existencial por significado e propósito, busca que a modernidade e a pós-modenidade parecem negar. A nação e o Estado, com seus mitos de providência e destino, fornecem respostas confortantes a muitos.

Vemos que a falha da UE aqui também é grande. Do mesmo modo como a Europa alimenta a angústia da modernidade, ela também nutre a da pós-modernidade: gigante e fragmentada ao mesmo tempo, construída tanto em imagem quanto em substância, é incompreensível e desafia cada vez mais as certezas da vida diária nacional. Cumpre ressaltar que não se está afirmando que a Europa verá o retorno do fascismo, mas sim que houve uma profunda mudança no seu posicionamento na vida pública: não mais, como nas fases de criação da CE/UE, como uma resposta a uma crise de confiança, mas como uma das causas desta crise.

No campo do simbólico, na opinião de Weiler, a cidadania deveria refletir a ética do sistema. Se a cidadania européia deveria servir como um ícone de identificação, com o que deveria indentificar-se? Dessa forma, o esforço de redefinir uma cidadania européia é parte do esforço de redefinir uma ética e uma identidade européia.

Como já foi frisado, a situação das pessoas não mudou muito com o estabelecimento e a institucionalização da cidadania européia, visto que muitos dos direitos advindos com ela já existiam previamente à sua criação e, ao contrário da cidadania nacional, a cidadania européia, até o presente, não impõe nenhum dever aos cidadãos europeus.

Contudo, o contexto formado por símbolos como a moeda, as leis e o passaporte comuns e a possibilidade de cruzar fronteiras dos países membros sem a necessidade de apresentar passaporte, estabelecida pelos Tratados de Schengen, em 1985 e 1990, somados aos demais direitos conferidos pelos tratados da UE e pela cidadania européia, tende, com o tempo, a estabelecer raízes nas consciências dos cidadãos europeus.

Além disso, a necessidade de se construir um bloco supranacional forte para compensar a fraqueza relativa de cada nação é um fator de extrema importância na atual conjuntura histórica. Como exemplo, temos a atuação da diplomacia européia que enfrentou a norte-americana na conferência sobre o clima realizada em Bali, em dezembro de 2007.

Para a construção de uma verdadeira cidadania européia, a Comissão Européia tem enfatizado a educação como elemento chave. Os direitos trazidos pelo Tratado de Maastricht e incluídos no Tratado de Amsterdã constituem o início de um processo que, de um ponto de vista otimista, levará a uma cidadania da União, cujos direitos e deveres estarão ligados à vida diária e serão a base de boa parte da identidade dos europeus.

6. QUADROS COMPLEMENTARES

QUADRO 1 — AS PRINCIPAIS DATAS DA CONSTRUÇÃO EUROPÉIA

18/04/1951 — Assinatura de tratado instituindo a Comunidade Européia do Carvão e do Aço (CECA). Ela coloca sob uma autoridade comum a produção da principal fonte de energia da época, assim como o setor industrial a montante da fabricação do armamento de seis países: Alemanha, Bélgica, França, Itália, Luxemburgo e Países Baixos.

30/08/1954 — O parlamento Francês rejeita o projeto do tratado, instituindo uma Comunidade Européia de defesa entre os seis países.

25/03/1957 — Assinatura do Tratado de Roma entre os seis países, que cria a Comunidade Econômica Européia (CEE) ou "Mercado Comum". Ele estabelece uma livre circulação de mercadorias, serviços e pessoas entre os Estados-membros.

Julho/1962 — Lançamento da Política Agrícola Comum (PAC), cujo objetivo é assegurar a auto-suficiência alimentar da CEE, garantindo preços agrícolas satisfatórios para os produtores.

Julho/1968 — Supressão total dos direitos alfandegários entre os seis.

24/04/1972 — Após a decisão norte-americana de deixar flutuar o dólar, os seis criam o Mecanismo de Taxas de Câmbio (MTC) que dá origem à "serpente monetária européia". As margens de flutuação entre as moedas européias são limitadas. Isso constitui o primeiro passo em direção à criação da moeda única.

01/01/1973 — Primeira ampliação — Dinamarca, Irlanda e Reino Unido passam a fazer parte da CEE.

13/03/1979 — O sistema monetário europeu (SME) entra em vigor. Ele institui uma solidariedade entre as moedas européias a fim de defender taxas de câmbio fixas mais ajustáveis.

Junho/1979 — Primeira eleição do Parlamento Europeu por sufrágio universal.

01/01/1981 — A Grécia passa a fazer parte da CEE, que agora conta com dez países membros.

01/01/1986 — Espanha e Portugal aderem à CEE.

Fevereiro/1986 — Assinatura do Ato Único Europeu que modifica o tratado de Roma. O ato prevê a implantação de um "mercado único" pela supressão efetiva dos obstáculos regulamentares à livre circulação de pessoas, mercadorias, serviços e capitais. Ele cria os fundos estruturais europeus, destinados a combater as desigualdades de desenvolvimento entre as regiões européias.

09/11/1989 — Queda do muro de Berlim. Abre caminho para a reunificação da Alemanha e, além disso, do continente. A ex-Alemanha Oriental integra a Comunidade em outubro de 1990.

1991 — Início da guerra na ex-Iugoslávia. A CEE, dividida, revela-se impotente para resolver o conflito.

Fevereiro/1992 — No novo contexto criado pela queda do muro de Berlim, os doze membros assinam o Tratado de Maastricht instituindo a União Européia. Este tratado cria a moeda única e estende timidamente as competências da União Européia à política exterior e de defesa, contribuindo para ampliar o poder do Parlamento Europeu.

01/01/1993 — Entra em vigor, oficialmente, o "Mercado Único", mesmo diante de numerosos problemas, notadamente no domínio da abertura dos serviços públicos frente à concorrência, que se depara com fortes resistências, particularmente na França.

01/01/1995 — A Áustria, a Finlândia e a Suécia aderem à União Européia que engloba a partir desta data quase toda a Europa Ocidental.

26/03/1995 — Acordos Schengen, que se traduzem na eliminação dos controles nas fronteiras para os nacionais dos Estados-membros signatários.

Junho/1997 — Assinatura do Tratado de Amsterdã, que prolonga o Tratado de Maastricht.

01/01/1999 — Onze países adotam o euro. As taxas de câmbio entre suas moedas tornam-se irrevogavelmente fixas e sua política monetária é confiada ao BCE, o Banco Central Europeu, uma instituição federal com sede em Frankfurt, na Alemanha.

01/02/2002 — Introdução de moedas e cédulas em euros.

01/05/2004 — 8 países da Europa Central e Oriental aderem à União (Estônia, Hungria, Letônia, Lituânia, Polônia, República Tcheca, Eslováquia, Eslovênia). Chipre e Malta também aderem. A Bulgária e a Romênia entrarão em 2007.

24/10/2004 — Assinatura do Projeto do Tratado Constitucional Europeu (TCE), como resultado da reunião de uma convenção aberta, cujos trabalhos serão retomados e transformados em uma conferência intergovernamental clássica. O TCE propõe fortalecer as instituições européias, mas retoma também o conjunto das disposições que regulamentam o Mercado Único. Foi rejeitado pela França e pelos Países Baixos em 2005, por referendo.

13/12/2007 — Assinatura do Tratado de Lisboa que retoma o essencial das disposições do Tratado Constitucional. Já aprovado em 26 países [contudo, o processo de ratificação só foi finalizado em 23 países]. A Irlanda o rejeitou por referendo, mas nova consulta será realizada em 2 de outubro de 2009.

Fonte: Adaptado de *Alternatives Economiques* — *L'Europe. Hors-Série nº 81/2009*.

QUADRO 2 — COMO FUNCIONA A UE?

União Européia — É uma construção histórica original. Apesar de ter por base jurídica tratados internacionais, não se reduz a uma simples organização interestatal. Não é tampouco uma federação, na qual o Estado federal domina os Estados vinculados. As instituições da comunidade européia estão, com efeito, sempre sob o controle dos Estados membros. Resulta daí um modo de organização que transcende a oposição entre federalismo e "interestatismo". A marca dos Estados membros nunca está ausente nos órgãos que parecem mais "federais", enquanto encontramos traços de federalismo nos que se apresentam como "inter-governamentais".

Comissão — Cuida do interesse geral europeu. Dispõe do monopólio da iniciativa nos domínios de competência comunitários. Possui, entretanto, débeis poderes de execução, pois a aplicação da legislação européia é responsabilidade dos Estados-membros. Além disso, os comissários são nomeados por cada Estado-membro na base de um comissário por Estado, e seu presidente é escolhido pelo Conselho Europeu. Todas essas nomeações são submetidas à aprovação do Parlamento Europeu, o que confere à Comissão uma dupla legitimidade.

Considerada como órgão técnico, a Comissão reúne personalidades políticas de primeiro plano. O tratado de Lisboa prevê limitar o número de comissários, elevado demais para trabalhar de modo colegiado, registrando-se que acabou de ser prometido aos irlandeses o posto de um comissário.

Conselho da União Européia — [Anteriormente conhecido como Conselho de Ministros]. Exerce essencialmente um poder legislativo. Aprova ou rejeita as iniciativas tomadas pela Comissão, sabendo-se que o Parlamento europeu dispõe de um poder de co-decisão sobre um número crescente de matérias que deveria ser ampliado pelo tratado de Lisboa. Há tantas formações do Conselho da União Européia quanto assuntos a tratar: economia e finanças, meio ambiente, agricultura, temas gerais etc. A presidência do Conselho é ocupada por rodízio entre os diferentes Estados segundo um ritmo semestral.

A regra da unanimidade se aplica a numerosos assuntos, principalmente a questões fiscais, mas cada vez mais decisões são tomadas por maioria qualificada. Neste caso, os votos de cada ministro são correlacionados ao tamanho da população do país que ele representa, uma regra em ruptura com o direito internacional clássico, segundo o qual, *a cada país, um voto*. O tratado de Lisboa prevê ampliar o campo da maioria qualificada mediante um sistema de chave dupla: para que um texto seja aprovado, deverá recolher votos de Estados reunindo 65% da população da União e também contar com uma maioria de Estados membros (quinze Estados, e, em todo caso, 55% do número de membros em antecipação de novas incorporações).

Parlamento Europeu — Eleito por sufrágio universal desde 1979, representa o povo europeu. Seus poderes foram ampliados por todos os tratados desde o Ato Único. O princípio de co-decisão, que lhe permite partilhar o poder legislativo com o Conselho da União Européia, deveria ser ainda ampliado pelo Tratado de Lisboa, mesmo que seu poder, no plano orçamentário, continue muito reduzido. Estrutura de essência federal, reúne deputados eleitos em base nacional, e segundo modos de escrutínio distintos nos diferentes países.

Conselho Europeu — Não confundir com o Conselho da União Européia; reúne o conjunto de chefes de Estado e de governo. Desempenha um papel de impulsão, indicando à Comissão os campos que os Estados membros desejam ver tratados. Realiza também, no mais alto nível, certas arbitragens que o Conselho de Ministros recusa-se a decidir. Hoje a sua presidência é ocupada pelo país que preside o Conselho de Ministros. Se o tratado de Lisboa for adotado, o Conselho Europeu ganhará um presidente específico nomeado por um prazo de dois anos e meio, renovável uma vez, e que receberá sua legitimidade dos Estados membros. O papel de impulsão do Conselho será reforçado, e a capacidade de ação da Europa também. Desde que o presidente do Conselho trabalhe em harmonia com o presidente da Comissão. Enfim, o alto representante para a política exterior e de segurança comum, nomeado pelo Conselho Europeu, é, ao mesmo tempo, mandatário do Conselho e membro da Comissão.

Corte de Justiça — Juízes originários de diferentes Estados-membros decidem litígios ligados à interpretação de textos europeus. Sua jurisprudência se impõe às jurisdições nacionais, em seus domínios próprios de competência.

Fonte: Adaptado de *Alternatives Economiques* — *L'Europe*. Hors-Série nº 81/2009.

PARTE III
MERCOSUL

PART III
MERCOSUR

1. INTRODUÇÃO HISTÓRICA

As origens do MERCOSUL, ao exemplo da integração européia, remontam a muito antes das negociações e tratados que o instituíram. A idéia de uma unificação americana já existia desde o século XIX, impulsionada pelos movimentos de independência, como solução desenvolvimentista e com o intuito de fortalecimento para resistência a uma possível tentativa de retomada de poder por parte dos países europeus. Nesse sentido, vários projetos foram pensados, sempre enfrentando barreiras étnicas, geográficas, políticas, culturais e econômicas. Da fraternidade idealizada por Simon Bolívar até a criação da ALALC (1960) e da ALADI (1980), várias foram as tentativas que anteciparam o surgimento do MERCOSUL.

Assim, necessário se faz o estudo do pano de fundo histórico da integração latino-americana para compreender a formação do MERCOSUL. Contudo, uma apresentação equilibrada de sua história exige, nas palavras de Jean-Marie Lambert, "a análise detalhada do jogo de interesses a pautar as guerras e alianças platinas. Os contornos evolutivos das equações de forças a unir e a opor Argentina, Brasil, Uruguai e Paraguai irão revelar uma amizade altamente conflitiva e passar uma idéia das reais possibilidades de cooperação, assim como de seus limites. Apontarão para seus obstáculos e despertarão o senso de realismo. Permitirão, sobretudo, tomar distância em relação à mesquinhez que tantas vezes inspirou os donos do poder e forçarão a reflexão sobre estratégias para a superação do provincianismo sub-regional, na busca de uma forma sensata de integração."[84]

Nesse viés, a criação do MERCOSUL se deu por uma combinação de experiências e esforços e, inclusive, como bem aponta Wagner Rocha D'Angelis, pela "conquista de maior maturidade dos países platinos, especialmente Brasil e Argentina, no âmbito das diretrizes da ALADI, mas seguramente inspirado no sucesso das comunidades européias"[85], que, por sua vez, já ultrapassaram o que propõem os tratados mercosulistas, formando, hoje, como vimos, uma união econômica e monetária.

O MERCOSUL não se deu por um processo isolado de integração, mas no seio de outro processo maior, a ALADI, tendo esta sido precedida pela ALALC.

1.1 ALALC

A Associação de Livre Comércio da América Latina — ALALC — foi criada pelo Tratado de Montevidéu, em 18 de fevereiro de 1960, configurando-se como membros iniciais a Argentina, o Brasil, e Chile, o México, o Paraguai, o Peru e o Uruguai. O Equador e a Colômbia entraram em 1961, a Venezuela, em 1966 e a Bolívia, em 1967.

---

84 LAMBERT, Jean-Marie. *Curso de Direito Internacional Público: O MERCOSUL em questão*. Editora Kelps, Goiânia, 2002, p. 51.
85 D'ANGELIS, Wagner Rocha. *MERCOSUL: da intergovernabilidade à supranacionalidade?* 1ª ed. (ano 2000), 3a tiragem. Editora Juruá, Curitiba, 2006, p. 65.

A Associação visava estabelecer uma zona de livre comércio no prazo de 12 anos a partir da entrada em vigor do Tratado, através de concessões mútuas, sobretudo a abolição de restrições intrazona, determinadas por Listas Nacionais e uma Lista Comum. Contudo, o objetivo último era estabelecer, no futuro, um mercado comum latino-americano. O prazo para a implantação da zona de livre comércio foi prorrogado, por meio do Protocolo de Caracas (1965), até 31 de dezembro de 1980. Na Declaração dos Presidentes da América, em 1967, divulgada em Punta del Leste, estipulou-se a criação progressiva do Mercado Comum Americano, em um período prorrogável de 15 anos, a contar de 1970, tendo o ALALC e o MCCA (Mercado Comum Centro-Americano, criado em 1960), já existentes, como base.

Entretanto, as divergências de interesses causaram, no final dos anos 60, uma divisão interna, ficando, consoante D'Angelis[86], os países "comercialistas" de um lado, quais sejam, Brasil, México e Argentina, e os "desenvolvimentistas", Colômbia, Chile, Bolívia, Peru e Equador, de outro. Tal fato, somado ao descontentamento em razão da falta de efetividade da ALALC, levou estes últimos a formar o Grupo Andino/ Comunidade Andina (CAN) em 1966, o que contribuiu para o enfraquecimento da Associação.

Além disso, a visão extremamente teórica, divorciada da prática, ao se estabelecerem objetivos e prazos impossíveis de se cumprir, sem levar em consideração as profundas diferenças culturais, sociais e econômicas entre os países, inviabilizou a concretização do mercado comum. Conspiraram para isso, ainda, as restrições do sistema institucional e jurídico adotado e a falta de esforços por parte dos gover-

---

86 *Ibid.*, p. 40.

nos dos Estados-membros em, de fato, cumprir com as determinações do pacto, em especial, após a instauração de regimes autoritários ultranacionalistas na região. Com efeito, era flagrante a necessidade de reformulação da ALALC.

1.2 ALADI

A Associação Latino-Americana de Integração — ALADI — foi instituída em 12 de agosto de 1980, com a assinatura de um novo Tratado de Montevidéu, em susbstituição da ALALC, tendo os mesmos 11 membros — Argentina, Brasil, Chile, México, Paraguai, Peru e Uruguai, Equador, Colômbia, Venezuela e Bolívia, sendo que a sua sede permaneceu em Montevidéu. Os seus objetivos eram, a exemplo da ALALC, estabelecer uma zona de preferências tarifárias — por meio de acordos regionais e "locais" — e de um Mercado comum latino-americano, a longo prazo, como previsto no artigo 1º do Tratado.

É de se notar que a ALADI pretendeu dar continuidade ao processo integracionista outrora iniciado, com a promoção do desenvolvimento sócio-econômico regional, não tendo estabelecido, no entanto, um prazo para a criação do mercado comum.

Ademais, abriu a possibilidade de os Estados-membros formarem acordos bilaterais, sem, no entanto, deixarem a ALADI, o que, como veremos adiante, veio viabilizar o surgimento do MERCOSUL. Assim, a ALADI não constitui especificamente uma zona de livre comércio, mas um foro de cooperação em que os Estados pactuam formas de preferências comerciais e econômicas.

Ressalta D'Angelis[87] que, diferentemente da ALALC, o

---

87 *Ibid.*, p. 42.

Tratado que instituiu a ALADI foi redigido em consonância com a "cláusula de habilitação", aprovada em 28 de dezembro de 1979, na rodada de Tókio do GATT[88], que permitia haver um ajuste tarifário e não-tarifário preferencial em prol dos países em desenvolvimento, bem como entre os países-membros, que poderiam conceder tratamentos prefenciais recíprocos, sem a obrigatoriedade de estendê-los a Estados que não pertencem ao grupo, conferindo mais flexibilidade às negociações. Também por esta razão é que o novo Tratado de Montevidéu permitiu tratamento diferenciado entre os Estados Partes, dividindo-os de acordo com três classificações: países com menor, médio e maior desenvolvimento econômico-estrutural. Com base nos princípios da não-reciprocidade e da cooperação comunitária, os Estados com menor desenvolvimento poderiam obter condições mais favoráveis.

A ALADI privilegiou o bilateralismo em detrimento do multilateralismo, o que contribuiu para que não fosse bem-sucedida nos objetivos a que se propôs. Outros fatores concorreram para isso: as relações tão-somente interestatais na ALADI, só os Estados figuram como agentes, excluindo indivíduos e empresas privadas; o não estabelecimento de números e prazos para a conclusão de seus objetivos; a falta de harmonização das políticas econômicas dos Estados-membros, fundamental para um processo de integração efetivo; a insatisfação por parte de vários países menos desenvolvidos face ao domínio comercial do Brasil, Argentina e México; e a influência da crise da dívida externa desde o início da década de 80.

Por fim, acrescenta-se o fato de que o tratado que instituiu a ALADI, assim como o que instituiu a ALALC, não

---

88 *General Agreement on Trade and Tariffs* — órgão que antecedeu a OMC (Organização Mundial do Comércio).

se distingue de qualquer outro tratado internacional que demanda aprovação e conversão em norma do ordenamento jurídico nacional, o que representa um verdadeiro obstáculo à integração. Como bem aponta Paulo Borba Casella[89], "o fracasso do modelo ALALC — ALADI em produzir efetiva integração se explica pela combinação de deficiências estruturais e de implementação, com ocorrência de metas tanto ambiciosas quanto vagas, inocorrência de aplicabilidade direta das normas comuns e falta de tribunal comunitário, acrescendo-se a influência não negligenciável de fatores externos adversos."

1.3 MERCOSUL

Com efeito, uma das principais causas do surgimento da integração no Cone Sul foi, como destaca D'Angelis[90], o processo de entendimento e aproximação entre o Brasil e a Argentina, na segunda metade do século XX, após conflitos gerados pela contrução da Hidrelétrica de Itaipu, nos anos 70, e divergências geopolíticas da época dos regimes militares, até meados da década de 80. Merece especial atenção a Declaração de Iguaçu, assinada pelos presidentes dos dois países, em 30 de novembro de 1985, que preconizou uma possível integração econômica bilateral. Foi criada uma Comissão Mista com o objetivo de encontrar meios de viabilizar o que havia sido proposto no referido acordo, impulsionando a assinatura da Ata para a Integração Argentino-Brasileira, em 29 de junho de 1986, e o estabelecimento de um

---

89 Citado por D'Angelis em D'ANGELIS, Wagner Rocha. *MERCOSUL: da intergovernabilidade à supranacionalidade?* 1a ed. (ano 2000), 3ª tiragem. Editora Juruá, Curitiba, 2006, p. 44.
90 *Ibid.*, p. 66.

programa específico (PICE) que gerou 24 protocolos setoriais, no período entre 1986-89. Foram firmados, também, a Ata da Amizade Argentino-Brasileira, Democracia, Paz e Desenvolvimento (10/12/1986), a Ata de Alvorada — Decisão Tripartite n. 1 (06/04/1988 — prevendo a incorporação do Uruguai), o Tratado de Integração, Cooperação e Desenvolvimento (29/11/1988) e a Ata de Buenos Aires (06/07/1990 — estabelecendo um mercado comum entre Brasil e Argentina para fins de 1994).

O mencionado Tratado de Integração previa a criação de um espaço econômico comum entre Argentina e Brasil e a harmonização de políticas (desde aduaneiras até de comunicação) nos 10 anos seguintes, prazo que, mais tarde, a Ata de Buenos Aires reduziu para 5 anos, além de criar o Grupo Mercado Comum, ainda bilateral. Os dois países assinaram, em dezembro de 1990, o Acordo de Complementação Econômica n. 14 (entrando em vigor em 1 de Janeiro de 1991), no foro da ALADI, que consolidou, junto a esta, todos os acordos firmados desde 1985.

Assim, em 26 de março de 1991, foi assinado o Tratado de Assunção, na capital paraguaia, que instituiu o Mercado Comum do Sul, o MERCOSUL, e especificou as condições gerais para a sua vigência, tendo como parceiros fundadores, além da Argentina e do Brasil, o Paraguai e o Uruguai, que expressavam interesse em ingressar no Mercado desde o ano anterior. Estabeleceu-se o governo do Paraguai como seu depositário. O Tratado possui apenas 24 artigos, podendo ser classificado como um tratado-marco. Evidentemente, não se compara ao Tratado de Roma (1957), que instituiu o Mercado Comum Europeu; todavia, possui sérias metas integracionistas. O Tratado de Assunção não prevê nenhum aspecto normativo ou procedimento do tipo comunitário, sequer prevê organismos supranacionais. "Do ponto de vista comparativo, o instrumento instituidor do

MERCOSUL se parece bem mais com a Convenção BENELUX, concluída em Londres, em 1944 (complementada pelo Protocolo de Haia, de 1947), que estabeleceu uma união aduaneira entre Bélgica, Holanda e Luxemburgo"[91], que, em 1958, também passou a ser uma união econômica. No que tange à sua natureza, o Tratado de Assunção "é um tratado internacional, incorporado à ALADI (e por via deste à OMC), para fins de cumprimento de compromissos internacionais dos Estados signatários, sinalizado por muitos autores como uma nova espécie de tratados, os *tratados-marco*".[92]

Para além de afirmar a intenção de criar um verdadeiro mercado comum, o referido Tratado traça as metas para que esta finalidade seja alcançada: livre circulação de bens, serviços e fatores produtivos, por meio de eliminação das limitações alfandegárias e não-tarifárias à circulação dos bens; política comercial e tarifa externa comuns, nas relações fora do Mercado Comum; e harmonização das políticas macroeconômicas e legislações dos Estados-membros, quando necessário.

Dado o seu claro caráter provisório, expresso nos seus artigos 1º e 3º, o Tratado deu início à chamada fase transitória do MERCOSUL, que vai de sua constituição formal, em 1991, até o final de 1994. Aqui, o Bloco ainda não constituía uma organização internacional, tampouco seus órgãos possuíam personalidade jurídica. Esta fase foi marcada por esforços em coordenar as políticas comerciais dos Estados e em eliminar, gradualmente, os encargos tarifários.

Em 17 de novembro 1991, firmou-se o Protocolo de Brasília, atendendo à exigência do inciso 2, do Anexo III,

---

91 *Ibid.*, p. 67.
92 *Ibid.*, p. 67.

do Tratado de Assunção. O Protocolo criou um sistema de solução de controvérsias para o período de transição do MERCOSUL, que se basearia na negociação direta, na conciliação com intervenção do GMC e na arbitragem. O referido diploma regulou o sistema de solução de conflitos no Bloco até o advento do Protocolo de Olivos de Solução de Controvérsias no MERCOSUL, em 18 de fevereiro de 2002. Faremos uma análise mais pormenorizada dos Protocolos de Brasília e de Olivos no capítulo 3, da parte III.

Em 5 de agosto de 1994, foi firmado o Protocolo de Buenos Aires sobre Jurisdição Internacional em Matéria Contratual que estabelece regras aplicáveis à jurisdição contenciosa internacional relativa aos contratos internacionais de natureza civil ou comercial celebrados no âmbito do MERCOSUL.

Como previsto no Tratado originário, a fase transitória do Bloco teria duração maxima até 31 de dezembro de 1994. Com efeito, em 16 e 17 de dezembro de 1994, durante a VII Reunião do Conselho do MERCOSUL, em Ouro Preto-MG, travaram-se as negociações, e, através do Protocolo de Ouro Preto, ficou decidido que, a partir de 1º de Janeiro de 1995, por-se-ia em prática, conjuntamente, as fases de livre comércio e de união aduaneira, esta, parcial, visto haver listas de adequações e exceções aos produtos negociáveis.

Posteriormente, os países-membros assinaram o Protocolo de Ushuaia sobre Compromisso Democrático no MERCOSUL, Bolívia e Chile, na cidade de Ushuaia, na Argentina, em 24 de julho de 1998 (em 2005, aderiram ao Protocolo o Peru e a Venezuela e, em 2007, o Equador), que reitera os princípios e objetivos do Tratado de Assunção e prioriza a vigência do regime democrático como condição essencial para o processo de integração do MERCOSUL. No mesmo ano, em 10 de dezembro, Brasil, Argentina, Uruguai e Paraguai assinaram, na cidade do Rio de Janeiro, a Declaração Sócio-laboral do MERCOSUL, que define e reafirma princípios e direitos na área do trabalho e o compromisso dos Estados Partes em promovê-los.

Outro documento relevante foi o Acordo sobre Residência para Nacionais dos Estados Partes do MERCOSUL, Bolívia e Chile, assinado em 6 de dezembro de 2002, que dispõe sobre a aquisição de residência legal pelos cidadãos dos Estados signatários. Segundo o Acordo, para cidadãos de qualquer dos países do MERCOSUL, Bolívia e Chile, natos ou naturalizados há pelo menos cinco anos, haverá um processo simplificado para a obtenção de residência temporária, por até dois anos, em outro país do Bloco, mediante a comprovação de nacionalidade. A residência temporária poderá ser convertida em permanente, antes do término do prazo de dois anos, por meio da comprovação de meios de vida lícitos que garantam o sustento do peticionante e de sua família (tal acordo entrou em vigor em 28 de julho de 2009, com a conclusão do processo de ratificação por parte dos Estados signatários). Finalmente, em 4 de julho de 2007, foi assinado o Protocolo de Adesão da Venezuela ao MERCOSUL, que prevê a entrada deste país como Estado Parte do MERCOSUL, como veremos no subcapítulo a seguir.[93]

No tocante ao livre comércio no interior do Bloco, desde 1995, 85% dos 9 mil itens das Nomenclaturas do Mercado Comum[94] começaram a ser comercializados com alíquota zero. As tarifas dos produtos restantes deveriam ser

---

93 Todos os acordos e outros documentos firmados no âmbito do MERCOSUL podem ser obtidos no *website* oficial do Bloco: *www.mercosur.int* .

94 *Nomenclatura* é um sistema utilizado por todos os países para classificar todo e qualquer bem que seja comercializável.

baixadas para zero até 1998 e, no caso do Paraguai e do Uruguai, até 1999. Além disso, os produtos do setor açucareiro e os oriundos das Zonas Francas também estão excluídos do livre comércio, restando ainda outros pontos a serem solucionados, como as restrições não-tarifárias (ex. quotas de importações) e as medidas não-tarifárias (ex. requisitos fitozoosanitários).

A união aduaneira implica a adoção de uma tarifa externa comum (TEC), que passa a ser adotada em janeiro de 1995 e que varia de 0 a 20%, podendo ser alterada, apenas, mediante comum acordo entre todos os membros. Logo, toda a negociação comercial entre o MERCOSUL e algum país ou bloco externo deve passar pela aprovação geral, o que inicia um novo tipo de relacionamento de compromisso no âmbito do Bloco.

Entretanto, isso nem sempre é observado por parte dos países-membros, sobretudo Brasil e Argentina, que, por diversas vezes, em defesa de interesses pontuais, descumprem as obrigações do tratado e passam a agir individualmente, o que só vem reforçar o problema da discrepância entre teoria e prática no Cone Sul. Haja vista que, se de um lado, deseja-se alcançar uma real integração econômica, garantindo um melhor posicionamento na conjuntura mundial, de outro, ainda persistem problemas como profundas divergências político-econômicas, instabilidade macroeconômica, "uma conservadora opção pela soberania estatal absoluta, um apego extremado ao Direito Internacional clássico, a carência de uma definição clara sobre o papel do Estado, a falta de um projeto nacional de desenvolvimento e a indefinição quanto à posição que esses parceiros pretendem ocupar internacionalmente, dentre outros aspectos."[95]

---

95 *Ibid.*, p. 73.

A despeito disso, o processo de integração vem alcançando resultados positivos, como o comércio entre os países do MERCOSUL que passou de 3 para 20 bilhões de dólares, no período de 1991 até 1998[96]. Sem embargo, tal crescimento não deve ser encarado como a solução dos problemas, fazendo-se necessário definir que tipo de inserção competitiva os Estados-membros querem ter no cenário internacional e como isso se refletirá em melhorias para a população.

1.4 Expansão do MERCOSUL

O Tratado de Assunção prevê que, cinco anos após o início de sua vigência, estaria aberto à adesão dos demais países da ALADI. O Bloco possui, atualmente, seis Estados Associados: Bolívia, Chile, Colômbia, Equador, Peru e Venezuela.

O Conselho Mercado Comum é quem confere o *status* de Estado Associado. Para a obtenção deste *status*, de acordo com a Decisão CMC N° 18/04, é necessária a prévia assinatura de um Acordo de Complementação Econômica (ACE), que estabelece um cronograma para a criação de uma zona de livre comércio com os Estados Partes do MERCOSUL e uma gradual redução de tarifas entre o Bloco e o Estado Associado. Este último pode, ainda, participar, como convidado, das reuniões dos órgãos do MERCOSUL e ser signatário de outros acordos sobre matérias comuns.

---

96 FONTOURA, Jorge. *A Evolução do Sistema de Controvérsias — de Brasília a Olivos*. In "Solução de Controvérsias no MERCOSUL". Câmara dos Deputados, Cordenação de Publicações, Brasília, 2003, p.277.

Em 25 de junho de 1996, firmou-se o Acordo de Complementação Econômica MERCOSUL-Chile, durante a X Reunião da Cúpula do MERCOSUL, em San Luis, na Argentina. Na mesma ocasião, também foi celebrado acordo suplementar com a Bolívia, prevendo a sua entrada como Estado Associado, o que foi renegociado e formalizado em 17 de dezembro de 1996, com a assinatura do Acordo de Complementação Econômica MERCOSUL-Bolívia, por ocasião da XI Reunião da Cúpula do MERCOSUL, em Fortaleza.

O MERCOSUL firmou Acordo de Cooperação Econômica com a Comunidade Andina de Nações (CAN), em 6 de dezembro de 2002, preconizando a formação de uma zona de livre comércio. A Colômbia, o Equador e a Venezuela formalizam a sua associação ao Bloco por meio da assinatura do Acordo de Complementação Econômica MERCOSUL-Colômbia, Equador e Venezuela, em 18 de outubro de 2004. O Peru, por sua vez, adquiriu *status* de Estado Associado com o Acordo de Complementação Econômica MERCOSUL-Peru, assinado em 30 de novembro de 2005.

Por ocasião da XV Cúpula Íbero-americana, realizada em outubro de 2005, em Salamanca, na Espanha, a Venezuela solicitou a sua admissão ao MERCOSUL como membro pleno. O processo de ingresso deste país se deu de forma surpreendentemente rápida. Em 9 de dezembro do mesmo ano, foi assinado o Acordo-Marco para a adesão da Venezuela e, em 4 de julho de 2006, foi assinado, em Caracas, o Protocolo de Adesão da República Bolivariana da Venezuela ao MERCOSUL.

De acordo com a Decisão 28/05 do Conselho Mercado Comum, a adesão da Venezuela ao Mercado Comum envolveria a adoção:

1. do Tratado de Assunção;
2. do Protocolo de Ouro Preto;
3. do Protocolo de Olivos de Solução de Controvérsias;
4. da Tarifa Externa Comum do MERCOSUL (TEC);
5. do Acordo de Complementação Econômica nº 18 (ACE 18) e seus protocolos adicionais;
6. do acervo nominativo do MERCOSUL, incluindo normas em processo de incorporação; e
7. dos instrumentos internacionais celebrados no marco do Tratado de Assunção.

Além disso, o processo de adesão também englobaria a definição da modalidade de incorporação da Venezuela nos acordos do MERCOSUL com outros países e a sua participação nas negociações externas.

Outro requisito para a entrada da Venezuela no Bloco era a sua retirada da CAN, visto que nenhum país pode fazer parte, concomitantemente, de duas uniões aduaneiras. Desta maneira, a Venezuela retirou-se da Comunidade Andina em 22 de abril de 2006, sob o argumento de que os acordos firmados por dois dos sócios da CAN — Peru e Colômbia — "eram incompatíveis com as regras do bloco."97

A Venezuela adotará todas as normas e regras do MERCOSUL (inclusive a Tarifa Externa Comum e a Nomenclatura Comum do MERCOSUL) gradualmente, no prazo máximo de quatro anos da data de vigência do Protocolo de Adesão. Relativamente a produtos sensíveis, o prazo será mais longo, podendo estender-se até 2014.

Não obstante isso, o país se tornará efetivamente um Estado Parte do MERCOSUL, tão-logo o Protocolo de

---

97 *Ibid.*, p. 42.

Adesão entre em vigência, mesmo que ainda não esteja completamente integrado às regras comerciais mercosulinas. Assim, a Venezuela foi aceita no Bloco e terá *status* de Estado Parte, em igualdade com os demais sócios — Brasil, Argentina, Uruguai e Paraguai —, com os mesmos direitos e deveres, *antes* de cumprir com as exigências para a adesão, o que é um procedimento bastante peculiar. Traçando-se um paralelo com a União Européia, os Estados candidatos à entrada no Bloco europeu são obrigados a cumprir com todas as exigências *antes* de poderem se tornar membros plenos[98].

O início da entrada em vigência do Protocolo de Adesão depende da sua ratificação por cada um dos cinco Estados envolvidos. A aprovação pela Assembléia Nacional venezuelana se deu em tempo recorde: em quinze dias após a assinatura do documento. O Uruguai e a Argentina também já o fizeram, faltando apenas o Brasil e o Paraguai, onde "ainda não há previsão de aprovação, apesar do esforço do Executivo no caso brasileiro."[99]

A incorporação da Venezuela tem um impacto de nível moderado na economia do Mercado Comum. Seu PIB per capita supera a média do Bloco; contudo, o volume de suas importações por ano não é muito elevado.

Um aspecto que teve grande relevância na análise dos custos e vantagens da admissão da Venezuela ao Bloco foi o potencial energético que agregaria a este último. Alguns autores, como Félix Peña[100], defendem que a cooperação no

---

98 RIOS, Sandra e MADURO, Lucia. *A adesão da Venezuela ao MERCOSUL*. In "União Européia e MERCOSUL: dois momentos especiais da integração regional". Cadernos Adenauer VIII (2007), n° 1. Fundação Konrad Adenauer, Rio de Janeiro, 2007, p. 43.
99 *Ibid.*, p. 43.
100 Citado em RIOS, Sandra e MADURO, Lucia, *op. cit.*, p. 45.

campo da energia poderia ser desenvolvida sem a necessidade da sua entrada no MERCOSUL como membro pleno. As profundas divergências políticas entre os países do MERCOSUL — em especial o Brasil — e a Venezuela, bem como os resultados insatisfatórios do Grupo de Trabalho criado para cuidar das negociações, podem vir a comprometer o cumprimento das obrigações por ela aceitas no Protocolo de Adesão. Em contrapartida, o país já exerce influência sobre as decisões do MERCOSUL e participa das suas negociações externas.

As dificuldades no campo dos trabalhos técnicos e no cumprimento das obrigações e a divergência sobre a condução da agenda externa, somadas ao início dos trabalhos relativos à entrada da Bolívia no MERCOSUL — que foi solicitada em dezembro de 2006 — podem prejudicar a agenda interna do Bloco, fazendo com que seja necessária uma revisão, e possível reformulação, de metas[101].

---

101 *Ibid.*, p. 61.

2. A ESTRUTURA INSTITUCIONAL DO MERCOSUL

O Protocolo de Ouro Preto dispôs sobre a estrutura institucional do MERCOSUL e trouxe, sem dúvida, inúmeros avanços, ainda que o caráter intergovernamental da integração tenha sido mantido. Conferiu personalidade jurídica ao MERCOSUL, oficializou a obrigatoriedade de suas Decisões, Resoluções e Diretivas, criou novos espaços de atuação para os agentes privados, criou a Comissão de Comércio, como órgão de assistência ao Grupo Mercado Comum (GMC), e reconheceu como órgão oficial a Comissão Parlamentar Conjunta, hierarquizando a participação dos Parlamentos dos Estados.

Como bem ressalta Raúl Bernal-Meza[102], dada a natureza intergovernamental do MERCOSUL, ele não segue o modelo tradicional, proposto por Montesquieu, de divisão dos poderes, típica dos Estados democráticos modernos e reproduzida por muitas organizações internacionais. O MERCOSUL é dotado, basicamente, de instituições administrativas, de um lado, e de instituições de solução de

---

102 Citando Luiz Olavo Batista em BENECKE, Dieter W. e LOSCHKY, Alexander (organizadores). *Mercosur: Desafío Político*. Konrad — Adenauer — Stiftung A. C, Buenos Aires, 2001, p. 50.

controvérsias, de outro. Há os órgãos principais e os auxiliares, todos intergovernamentais, exceto o Foro que representa o setor privado. Isso significa que todas as decisões devem ser tomadas mediante consenso, ou seja, com a anuência de todos os Estados Partes.

Os principais órgãos do MERCOSUL são o Conselho do Mercado Comum, o Grupo Mercado Comum, a Comissão de Comércio do MERCOSUL, a Secretaria Administrativa, o Foro Consultivo Eonômico e Social, o Parlamento do MERCOSUL, e o Tribunal Permanente de Revisão, sobre o qual nos aprofundaremos mais no capítulo 3, da parte III, sobre Solução de Controvérsias.

Há também o Tribunal Administrativo-Trabalhista do MERCOSUL, instituído em 2003, pela Resolução GMC nº 54/03, com a função de solucionar as reclamações administrativo-trabalhistas dos funcionários da Secretaria do MERCOSUL e das pessoas contratadas para a execução de determinadas tarefas ou serviços na Secretaria ou nos demais órgãos do Bloco.

Há, ainda, o Centro MERCOSUL de Promoção de Estado de Direito (CMPED), criado em 2004, pela Decisão CMC nº 24/04, *"com a finalidade de analisar e reforçar o desenvolvimento do Estado, a governabilidade democrática e todos os aspectos vinculados aos processos de integração regional"*[103], por meio da realização de trabalhos de pesquisa, publicações, seminários, conferências e cursos.

Além destas instituições, há os Subgrupos de Trabalho e os Grupos *Ad Hoc*, sob a égide do Grupo Mercado Comum, além de outros organismos, a exemplo do Instituto Social do MERCOSUL (ISM), coordenado pela Reunião de Ministros e Autoridades de Desenvolvimento Social

---

103 Art. 1º da Decisão CMC nº 24/04.

(RMADS), e do Instituto de Políticas Públicas de Direitos Humanos (IPPDH), no âmbito da Reunião de Altas Autoridades na Área de Direitos Humanos e Chancelarias do MERCOSUL (RAADH). O ISM foi criado pelo Conselho do Mercado Comum (CMC), em 18 de janeiro de 2007, com o objetivo de fortalecer o processo de integração e promover o desenvolvimento humano integral, por meio de atividades como o auxílio na elaboração de políticas sociais regionais e a atualização de indicadores sociais regionais. O ISM tem sede permanente na cidade de Assunção.

O IPPDH também foi criado pelo CMC, em 24 de julho de 2009, com a finalidade de auxiliar no fortalecimento do Estado de Direito nos Estados Partes, por meio da instauração de políticas públicas em direitos humanos, e de promover a consolidação dos direitos humanos como eixo fundamental no processo integratório do MERCOSUL. O Instituto tem sede permanente em Buenos Aires.

2.1 Conselho do Mercado Comum (CMC)

É o órgão superior do MERCOSUL, cabendo-lhe a tomada das decisões e a condução política do processo de integração, para assegurar o cumprimento do Tratado de Assunção, com o intuito de se chegar à constituição final do Mercado Comum, é o que se extrai do art. 3º do Protocolo de Ouro Preto. Foi criado pelo Tratado de Assunção e manteve, basicamente, as mesmas atribuições com o Protocolo, ainda que este as tenha trazido de forma mais detalhada e explícita.

Como determina o art. 4º do Protocolo, "O Conselho do Mercado Comum será integrado pelos Ministros da Relações Exteriores e pelos Ministros da Economia, ou seus equivalentes, dos Estados Partes." A Presidência é rotativa entre os Estados, por ordem alfabética, para o período de seis meses e as reuniões ocorrem pelo menos uma vez por semestre, podendo haver outras, sempre que se entender pertinente. O Conselho manifesta-se por meio de Decisões, tendo o dever de esclarecer o seu conteúdo e alcance, quando for necessário.

O art. 8, inciso I, do Protocolo, coloca o CMC como Guardião do ordenamento do MERCOSUL, cumprindo-lhe: "I- Velar pelo cumprimento do Tratado de Assunção, de seus Protocolos e dos acordos firmados em seu âmbito;" Assim, o Conselho seria responsável por interpretar e aplicar as normas mercosulinas; cabendo-lhe, em última instância, o papel de "Tribunal Constitucional do MERCOSUL"[104].

Além disso, é o órgão designado como titular da personalidade jurídica internacional do MERCOSUL, como previsto no art. 8, inciso III, do Protocolo de Ouro Preto, incumbindo-lhe negociar e firmar acordos em nome do Bloco. Entretanto, pelo inciso IV, do mesmo dispositivo, tem a faculdade de delegar poderes ao Grupo Mercado Comum, nas condições do art. 14, VII, do referido Diploma.

Outra função importante do Conselho é a de se manifestar sobre propostas feitas pelo Grupo Mercado Comum, que, como veremos a seguir, é responsável por apresentar projetos de normas que serão analisadas e aprovadas pelo CMC.

Cabe ao CMC, ainda, criar, modificar e extinguir órgãos, quando entender necessário, designar o Diretor da Secretaria Administrativa do MERCOSUL, controlar as finanças e recursos do Bloco e homologar o Regimento Interno do Grupo Mercado Comum.

---

104 LAMBERT, Jean-Marie. *Curso de Direito Internacional Público:* O *MERCOSUL em Questão.* Editora Kelps, Goiânia, 2002, p. 295.

Traçando-se um paralelo com a União Européia, o Conselho Europeu tem composição e procedimentos similares. Contudo, a sua função vai além de guardião do ordenamento jurídico. Segundo Lambert, o Tratado de Maastricht, de 1992, que constituiu a UE, confere ao Conselho o que a doutrina convencionou chamar de "poder quase-constituinte". O art. 235 do referido Tratado assim dispõe: "Se uma ação da Comunidade for considerada necessária para atingir, no curso do funcionamento do Mercado Comum, um dos objetivos da Comunidade, sem que o presente Tratado tenha previsto os poderes de ação necessários para o efeito, o Conselho, deliberando por unanimidade, sob proposta da Comissão, e após consulta do Parlamento Europeu, adotará as disposições adequadas."[105]

No Bloco Europeu, há um sistema de produção de normas semelhante ao do MERCOSUL, em que a Comissão Européia propõe e o Conselho da União Européia (juntamente com o Parlamento Europeu) aprova. No entanto, diferentemente do Bloco do Cone Sul, na UE não há a exigência de consenso entre todos os membros para as decisões do Conselho, apenas maiorias ponderadas, o que torna mais fácil e ágil a aprovação dos projetos provenientes da Comissão.

2.2 Grupo Mercado Comum (GMC)

Está subordinado ao CMC e é o órgão executivo do MERCOSUL, com faculdades de iniciativa, estando em segundo lugar na hierarquia institucional do Bloco. Desde o Protocolo de Ouro Preto, é auxiliado pela Comissão de

---
105 *Ibid.*, p. 295.

Comércio. Conta com uma Secretaria Administrativa e dez Sub-grupos de Trabalho.

Segundo o art. 11 do Protocolo, é composto "por quatro membros titulares e quatro membros alternos de cada país, designados pelo respectivos Governos, dentre os quais devem constar necessariamente representantes dos Ministérios da Economia (ou equivalentes) e dos Bancos Centrais. O Grupo Mercado Comum será coordenado pelos Ministérios das Relações Exteriores." A sua composição é, formalmente, 'pluripessoal, mas, como denota Bernal-Meza[106], não é potencializado como no CMC, sendo que os representantes são nomeados a título próprio, em vez de ocuparem determinada função.

As decisões, assim como no CMC, são tomadas por consenso e com a presença de todos os Estados-membros. Manifesta-se através de Resoluções, dotadas de caráter obrigatório.

Embora possua função executiva, o GMC não é um órgão permanente, funcionando por meio de sessões, ordinárias ou extraordinárias, sempre que necessário.

A sua primeira função é a de "I- Velar, nos limites de sua competência, pelo cumprimento do Tratado de Assunção, de seus Protocolos e dos acordos firmdos em seu âmbito;" (art. 14 do Protocolo de Ouro Preto).

Assim, o GMC divide a função de guardião legal do MERCOSUL com o CMC, havendo uma única distinção entre o inciso acima e o inciso I, do art. 8 do Protocolo, que lista as atribuições do CMC: a expressão "nos limites de sua competência", o que demonstra a subordinação política

---

[106] Citando Luiz Olavo Batista em BENECKE, Dieter W. e LOSCHKY, Alexander (organizadores). *Mercosur: Desafío Político*. Konrad — Adenauer — Stiftung A. C, Buenos Aires, 2001, p. 53.

do GMC. Este dispositivo confirma que o Grupo desempenha, para além de mero papel técnico, função política.

Incumbe ao GMC, também, propor projetos de Decisão ao CMC, de modo que o Grupo age, nas palavras de Lambert, "como um executivo nacional, submetendo projetos à deliberação do Conselho que, tal qual o legislativo no plano interno, os aprova ou rejeita. A mecânica legislativa base é essa: o Grupo Propõe e o Conselho decide."[107]

Não obstante, visto ser o órgão executivo, cabe ao GMC "tomar as medidas necessárias ao cumprimento das Decisões adotadas pelo Conselho do Mercado Comum;" (art. 14, VI, Protocolo de Ouro Preto).

Entre as inúmeras atribuições do Grupo, incluem-se, ainda, propor medidas concretas para assegurar o avanço do Mercado Comum (art. 14, IV), constituir sub-grupos de trabalho — dotados de uma maior especialização, aprovar o orçamento e a prestação anual de contas apresentada pela Secretaria Administrativa do MERCOSUL (art. 14, VIII), organizar as reuniões do CMC e preparar os relatórios e estudos que este lhe solicitar (art.14, XI).

2.3 Comissão de Comércio do MERCOSUL (CCM)

É o órgão encarregado de auxiliar o Grupo Mercado Comum, estando, portanto, hierarquicamente subordinado a ele. É, da mesma forma, um órgão intergovernamental, composto por quatro membros titulares e quatro membros alternados de cada país membro, sendo coordenado pelos Ministérios das Relações Exteriores, a exemplo do GMC (art. 17, Protocolo de Ouro Preto).

---

107 LAMBERT, Jean-Marie. *Curso de Direito Internacional Público:* O MERCOSUL em Questão. Editora Kelps, Goiânia, 2002, p. 299.

Manifesta-se por Diretrizes e Propostas, sendo que somente as primeiras são de caráter obrigatório.

Reúne-se pelo menos uma vez por mês, mas pode ser convocada extraordinariamente pelo GMC ou pelos Estados-membros (art. 18 Protocolo de Ouro Preto).

A Comissão é de fundamental importância para o progresso da integração. De acordo com o art. 16 do Protocolo, cabe a ela velar pela aplicação dos instrumentos de política comercial comum para o funcionamento da união aduaneira, além de acompanhar e revisar assuntos concernentes às políticas comerciais comuns e ao comércio dentro e fora do Bloco. As políticas comerciais incluem inúmeros temas, como *dumping* e direitos *anti-dumping*, normas técnicas, direitos alfandegários, valor aduaneiro e restrições quantitativas, dentre outros.

Assim, cabe à Comissão auxiliar o Grupo na dimensão comercial do MERCOSUL, sobretudo, administrando a Taxa Externa Comum (TEC), que é, sem dúvida, a principal ferramenta de concretização da união aduaneira. Além disso, tem o dever de fiscalizar e orientar a efetivação dos instrumentos de política comercial comum pelos Estados Partes.

Possui, ainda, funções legislativas no Bloco. Propõe normas de matéria comercial, que são submetidas à apreciação pelo Grupo Mercado Comum. Também desempenha papel importante na solução de controvérsias, recebendo reclamações da Seções Nacionais da Comissão de Comércio, funcionando como uma primeira instância para a resolução de conflitos.

A Comissão tem competência para estabelecer Comitês Técnicos e, não obstante todas as relevantes funções que possue, não necessita de consenso para tomar suas decisões, o que facilita bastante o seu funcionamento.

2.4 Secretaria Administrativa

É um órgão administrativo, com sede em Montevidéu, criado pelo Tratado de Assunção, que lhe conferiu tão-somente a atribuição de guardar os documentos e informações das atividades do Grupo Mercado Comum, dotando, portanto, não o MERCOSUL de uma secretaria, mas o Grupo, representando, em consequência, uma subdivisão deste último. O Protocolo de Ouro Preto, no entanto, muda a sua natureza para órgão do MERCOSUL, dotando-a de novas funções.

Apesar de seu caráter auxiliar, é um dos únicos órgãos centrais do sistema, ao lado do Tribunal Permanente de Revisão do MERCOSUL, com caráter permanente. Seu diretor é designado pelo CMC e eleito pelo GMC, rotativamente, para o mandato de três anos, sem possibilidade de reeleição.

O Protocolo manteve as funções de arquivo oficial e de informação, tendo esta sido ampliada para abranger também a função de tradução, como prevê o seu artigo 32:

> "II — Realizar a publicação e a difusão das decisões adotadas no âmbito do MERCOSUL. Nesse contexto lhe corresponderá:
> i) Realizar, em coordenação com os Estados Partes, as traduções autênticas para os idiomas espanhol e português de todas as decisões adotadas pelos órgãos da estrutura institucional do MERCOSUL (...);
> ii) Editar o Boletim Oficial do MERCOSUL.
> (...)
> IV — Informar regularmente os Estados Partes sobre as medidas implementadas por cada país para incorporar em seu ordenamento jurídico as normas emanadas dos órgãos do MERCOSUL previstos no Artigo 2 deste Protocolo;"

Além disso, a Secretaria organiza e dá apoio logístico às reuniões do CMC e da Comissão de Comércio, bem como, no que estiver dentro de seu alcance, dos demais órgãos do MERCOSUL. Desempenha tarefas solicitadas pelo CMC, GMC e pela Comissão de Comércio (art. 32, IV, Protocolo).

Outra atribuição importante é a sua participação no processo de solução de controvérsias, em que tem a tarefa de registrar as listas nacionais dos árbitros e especialistas, bem como desempenhar outras atividades determinadas pelo Protocolo de Brasília.

2.5 Parlamento do MERCOSUL (PM)

Foi criado em 9 de dezembro 2005 pelo Protocolo Constitutivo do Parlamento do MERCOSUL, para substituir a Comissão Parlamentar Conjunta, criada pelo Protocolo de Ouro Preto e que, apesar do nome, possuía caráter de órgão assessor.

Como afirma Lambert[108], a tentativa de firmar cooperação parlamentar na América Latina não é novidade. Um bom exemplo é o Parlamento Andino, com sede em Bogotá, na Colômbia, criado em 1979, como órgão da Comunidade Andina, contando com cinco parlamentares por Estado. Vale mencionar, ainda, o Parlamento Latino-Americano (Parlatino), criado em 1987, com sede em São Paulo. A despeito do nome, estas instituições não se encaixam dentro do molde clássico de "parlamento", vez que carecem da função essencial de legislar. Na prática, acrescenta o autor que "não passam de conferências diplomáticas com função

---

108 LAMBERT, Jean-Marie. *Curso de Direito Internacional Público: O MERCOSUL em Questão*. *Editora Kelps*, Goiânia, 2002, p. 307.

de apoio ao processo de integração econômica no primeiro caso, e de promoção dos valores democráticos no segundo."[109]

O Parlamento do MERCOSUL possui a função de representar os cidadãos dos países do Bloco e não os Parlamentos nacionais. É um órgão unicameral, e as suas sessões ocorrem, pelo menos, uma vez por mês. Possui seu próprio Regime Interno, por ele elaborado. A sua sede fica em Montevidéu, no Uruguai, contando com uma Secretaria Parlamentar e uma Secretaria Administrativa, que funcionam permanentemente.

Os membros do Parlamento não estão sujeitos a mandato imperativo e gozam de liberdade no exercício de suas funções, não podendo ser processados, civil ou penalmente, pelas opiniões emitidas no exercício de sua função, antes ou depois de seu mandato (art. 12.2 do Protocolo).

Os parlamentares terão mandato de quatro anos, podendo ser reeleitos. Os candidatos terão de preencher os requisitos para ser deputado federal, de acordo com o Direito interno de cada Estado Parte.

As principais funções do Parlamento são (art. 4º do Protocolo Constitutivo):

*"1. Velar, no âmbito de sua competência, pela observância das normas do MERCOSUL.
2. Velar pela preservação do regime democrático nos Estados Partes, de acordo com as normas do MERCOSUL, e em particular com o Protocolo de Ushuaia sobre Compromisso Democrático no MERCOSUL, na República da Bolívia e República do Chile.
3. Elaborar e publicar anualmente um relatório sobre a situação dos direitos humanos nos Estados Partes, le-*

---

[109] Ibid., p. 307.

*vando em conta os princípios e as normas do MERCO-SUL.
(...)
10. Receber, examinar e si for o caso encaminhar aos órgãos decisórios, petições de qualquer particular, sejam pessoas físicas ou jurídicas, dos Estados Partes, relacionadas com atos ou omissões dos órgãos do MERCOSUL.
(...)
12. Com o objetivo de acelerar os correspondentes procedimentos internos para a entrada em vigor das normas nos Estados Partes, o Parlamento elaborará pareceres sobre todos os projetos de normas do MERCOSUL que requeiram aprovação legislativa em um ou vários Estados Partes, em um prazo de noventa dias (90) a contar da data da consulta. Tais projetos deverão ser encaminhados ao Parlamento pelo órgão decisório do MERCOSUL, antes de sua aprovação.
13. Propor projetos de normas do MERCOSUL para consideração pelo Conselho do Mercado Comum, que deverá informar semestralmente sobre seu tratamento.
14. Elaborar estudos e anteprojetos de normas nacionais, orientados à harmonização das legislações nacionais dos Estados Partes, os quais serão comunicados aos Parlamentos nacionais com vistas a sua eventual consideração.
15. Desenvolver ações e trabalhos conjuntos com os Parlamentos nacionais, a fim de assegurar o cumprimento dos objetivos do MERCOSUL, em particular aqueles relacionados com a atividade legislativa.
(...)
18. Fomentar o desenvolvimento de instrumentos de democracia representativa e participativa no MERCOSUL."*

A criação do Parlamento representa considerável avanço no processo de integração, haja vista que seus membros serão eleitos por sufrágio universal pelos cidadãos do MERCOSUL.

O Protocolo Constitutivo prevê duas fases de transição para o estabelecimento do Parlamento. A primeira será compreendida entre 31 de dezembro de 2006 e 31 de dezembro de 2010, e a segunda, entre 1º de janeiro de 2011 e 31 de dezembro de 2014. Na primeira etapa de transição, o Parlamento será composto de 18 parlamentares por cada Estado Parte. Para esta etapa, os Estados designarão os seus parlamentares, de forma indireta, dentre os parlamentares nacionais.

Para a segunda etapa transitória, cada Estado organizará eleições por sufrágio direto, universal e secreto de parlamentares, de acordo com a sua agenda eleitoral, de modo que, a partir de 1º de janeiro de 2011, todos os membros do Parlamento deverão ter sido eleitos por sufrágio universal.

O Protocolo prevê, ainda, que, a partir de 2014, as eleições serão realizadas conjuntamente em todo o Bloco, no "Dia do MERCOSUL Cidadão", a ser instituído pelo CMC (art. 6.4 e Cláusula Terceira-Disposições Transitórias do Protocolo Constitutivo do Parlamento do MERCOSUL).

2.6 Foro Consultivo Econômico-Social

Não foi criado diretamente por um Tratado, mas impulsionado pela idéia trazida no art. 14 do Tratado de Assunção:

"(...) Ao elaborar e propor medidas no desenvolvimento de medidas concretas no desenvolvimento de seus trabalhos, até 31 de dezembro de 1994, o Grupo Mercado

Comum poderá convocar, quando julgar conveniente, representantes dos outros órgãos da Administração Pública e do setor privado."

Trata-se de um órgão de representação dos setores sociais e econômicos. Foi criado com a intenção de promover a participação direta dos setores privados e sindicais dos países, o que é de extrema relevância, pois, nas palavras de Lambert, "não se pode conceber um mercado comum entre as quatro paredes dos escritórios ministeriais sem consultar os destinatários e primeiros interessados do sistema. Uma construção desse porte não é um somatório de decisões burocráticas. Trata-se, isto sim, de um processo político abrangente com profundo impacto sobre a vida econômica, social e cultural. Tal transformação não funciona sem antenas de escuta nas bases, e eis todo o sentido da idealização do FCES na Conferência Diplomática de Ouro Preto."[110]

Representou uma intenção louvável no intuito de promover a participação da sociedade. Entretanto, o órgão é integrado por um número igual de representantes de cada Estado Parte que são designados pelos executivos nacionais, o que representa uma contradição. Além disso, desempenha funções meramente consultivas, por meio de Recomendações ao GMC.

* * *

A seguir, um quadro com a estrutura organizacional do MERCOSUL.

---
110 *Ibid.*, p. 314.

Estrutura Institucional do MERCOSUL

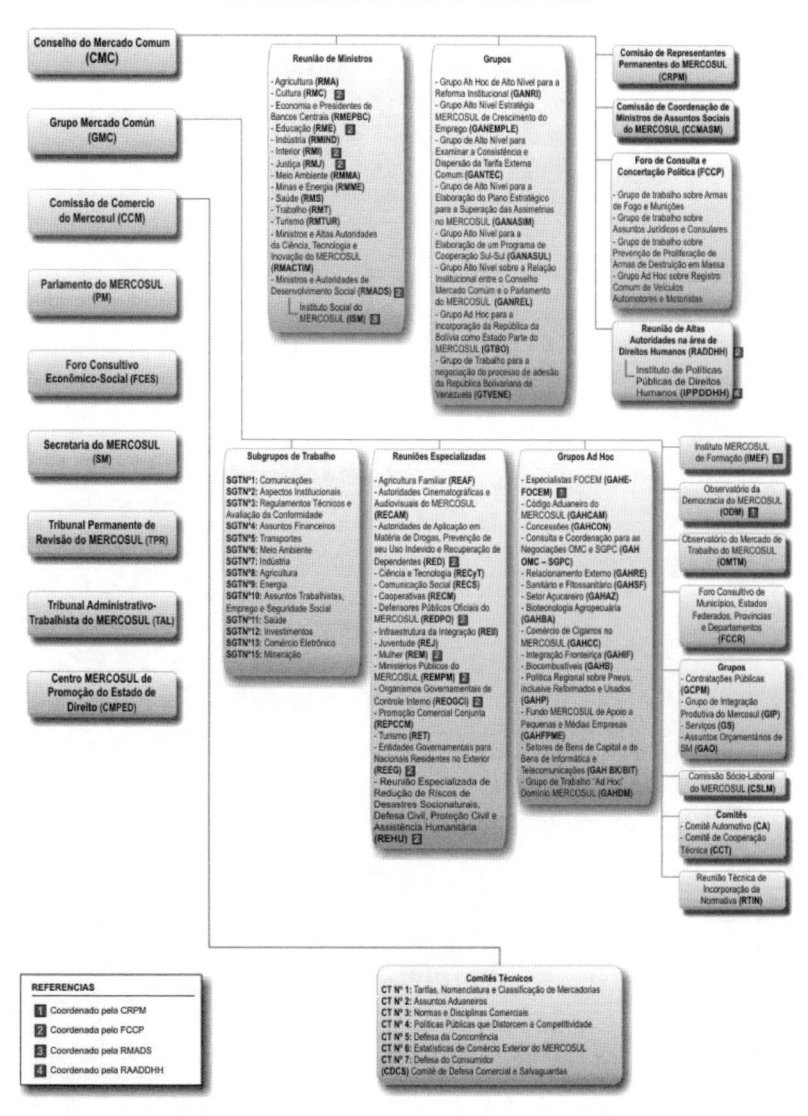

Conselho do Mercado Comum (CMC)

Grupo Mercado Común (GMC)

Comissão de Comercio do Mercosul (CCM)

Parlamento do MERCOSUL (PM)

Foro Consultivo Econômico-Social (FCES)

Secretaria do MERCOSUL (SM)

Tribunal Permanente de Revisão do MERCOSUL (TPR)

Tribunal Administrativo-Trabalhista do MERCOSUL (TAL)

Centro MERCOSUL de Promoção do Estado de Direito (CMPED)

Reunião de Ministros
- Agricultura (RMA)
- Cultura (RMC) [2]
- Economia e Presidentes de Bancos Centrais (RMEPBC)
- Educação (RME) [2]
- Indústria (RMIND)
- Interior (RMI) [2]
- Justiça (RMJ) [2]
- Meio Ambiente (RMMA)
- Minas e Energia (RMME)
- Saúde (RMS)
- Trabalho (RMT)
- Turismo (RMTUR)
- Ministros e Altas Autoridades da Ciência, Tecnologia e Inovação do MERCOSUL (RMACTIM)
- Ministros e Autoridades de Desenvolvimento Social (RMADS) [2]

Instituto Social do MERCOSUL (ISM) [3]

Grupos
- Grupo Ah Hoc de Alto Nível para a Reforma Institucional (GANRI)
- Grupo Alto Nível Estratégia MERCOSUL de Crescimento do Emprego (GANEMPLE)
- Grupo de Alto Nível para Examinar a Consistência e Dispersão da Tarifa Externa Comum (GANTEC)
- Grupo de Alto Nível para a Elaboração do Plano Estratégico para a Superação das Assimetrias no MERCOSUL (GANASIM)
- Grupo Alto Nível para a Elaboração de um Programa de Cooperação Sul-Sul (GANASUL)
- Grupo Alto Nível sobre a Relação Institucional entre o Conselho Mercado Comum e o Parlamento do MERCOSUL (GANREL)
- Grupo Ad Hoc para a incorporação da República da Bolívia como Estado Parte do MERCOSUL (GTBO)
- Grupo de Trabalho para a negociação do processo de adesão da República Bolivariana de Venezuela (GTVENE)

Comissão de Representantes Permanentes do MERCOSUL (CRPM)

Comissão de Coordenação de Ministros de Assuntos Sociais do MERCOSUL (CCMASM)

Foro de Consulta e Concertação Política (FCCP)
- Grupo de trabalho sobre Armas de Fogo e Munições
- Grupo de trabalho sobre Assuntos Jurídicos e Consulares
- Grupo de trabalho sobre Prevenção de Proliferação de Armas de Destruição em Massa
- Grupo Ad Hoc sobre Registro Comum de Veículos Automotores e Motoristas.

Reunião de Altas Autoridades na área de Direitos Humanos (RADDHH) [2]

Instituto de Políticas Públicas de Direitos Humanos (IPPDDHH) [4]

Subgrupos de Trabalho
- SGTN°1: Comunicações
- SGTN°2: Aspectos Institucionais
- SGTN°3: Regulamentos Técnicos e Avaliação da Conformidade
- SGTN°4: Assuntos Financeiros
- SGTN°5: Transportes
- SGTN°6: Meio Ambiente
- SGTN°7: Indústria
- SGTN°8: Agricultura
- SGTN°9: Energia
- SGTN°10: Assuntos Trabalhistas, Emprego e Seguridade Social
- SGTN°11: Saúde
- SGTN°12: Investimentos
- SGTN°13: Comércio Eletrônico
- SGTN°15: Mineração

Reuniões Especializadas
- Agricultura Familiar (REAF)
- Autoridades Cinematográficas e Audiovisuais do MERCOSUL (RECAM)
- Autoridades de Aplicação em Matéria de Drogas, Prevenção de seu Uso Indevido e Recuperação de Dependentes (RED) [2]
- Ciência e Tecnologia (RECyT)
- Comunicação Social (RECS)
- Cooperativas (RECM)
- Defensores Públicos Oficiais do MERCOSUL (REDPO) [2]
- Infraestrutura da Integração (REII)
- Juventude (REJ)
- Mulher (REM) [2]
- Ministérios Públicos do MERCOSUL (REMPM) [2]
- Organismos Governamentais de Controle Interno (REOGCI) [2]
- Promoção Comercial Conjunta (REPCCM)
- Turismo (RET)
- Entidades Governamentais para Nacionais Residentes no Exterior (REEG) [2]
- Reunião Especializada de Redução de Riscos de Desastres Socionaturais, Defesa Civil, Proteção Civil e Assistência Humanitária (REHU) [2]

Grupos Ad Hoc
- Especialistas FOCEM (GAHEFOCEM) [1]
- Código Aduaneiro do MERCOSUL (GAHCAM)
- Concessões (GAHCON)
- Consulta e Coordenação para as Negociações OMC e SGPC (GAH OMC – SGPC)
- Relacionamento Externo (GAHRE)
- Sanitário e Fitosanitário (GAHSF)
- Setor Açucareiro (GAHAZ)
- Biotecnologia Agropecuária (GAHBA)
- Comércio de Cigarros no MERCOSUL (GAHCC)
- Integração Fronteiriça (GAHIF)
- Biocombustíveis (GAHB)
- Política Regional sobre Pneus, inclusive Reformados e Usados (GAHP)
- Fundo MERCOSUL de Apoio a Pequenas e Médias Empresas (GAHFPME)
- Setores de Bens de Capital e de Bens de Informática e Telecomunicações (GAH BK/BIT)
- Grupo de Trabalho "Ad Hoc" Domínio MERCOSUL (GAHDM)

Instituto MERCOSUL de Formação (IMEF) [5]

Observatório da Democracia do MERCOSUL (ODM) [3]

Observatório do Mercado do Trabalho do MERCOSUL (OMTM)

Foro Consultivo de Municípios, Estados Federados, Províncias e Departamentos (FCCR)

Grupos
- Contratações Públicas (GCPM)
- Grupo de Integração Produtiva do Mercosul (GIP)
- Serviços (GS)
- Assuntos Orçamentários de SM (GAO)

Comissão Sócio-Laboral do MERCOSUL (CSLM)

Comitês
- Comitê Automotivo (CA)
- Comitê de Cooperação Técnica (CCT)

Reunião Técnica de Incorporação da Normativa (RTIN)

REFERÊNCIAS
- [1] Coordenado pela CRPM
- [2] Coordenada pelo FCCP
- [3] Coordenado pela RMADS
- [4] Coordenado pela RAADDHH

Comitês Técnicos
- CT N° 1: Tarifas, Nomenclatura e Classificação de Mercadorias
- CT N° 2: Assuntos Aduaneiros
- CT N° 3: Normas e Disciplinas Comerciais
- CT N° 4: Políticas Públicas que Distorcem a Competitividade
- CT N° 5: Defesa da Concorrência
- CT N° 6: Estatísticas de Comércio Exterior do MERCOSUL
- CT N° 7: Defesa do Consumidor
- (CDCS) Comitê de Defesa Comercial e Salvaguardas

Fonte: www.mercosur.int

3. SOLUÇÃO DE CONTROVÉRSIAS

É natural que, em um bloco econômico, na medida em que se intensificam as relações comerciais, surjam conflitos de interesses, daí a necessidade da existência de um mecanismo de solução de controvérsias. Desde a constituição do MERCOSUL, com o Tratado de Assunção, já havia a preocupação em se criar um mecanismo com tal finalidade. O art. 3º do referido Tratado prevê que, no período de transição mercosulina, entre 1991 e 1994, deveria ser adotado um Sistema de Solução de Controvérsias. Assim, o Anexo III, do referido diploma, dá as linhas gerais do projeto e, em seu inciso 2, fixa o prazo de 120 dias para apresentação de um Sistema Transitório. Prevê, ainda, em seu inciso 3, que, até 31 de dezembro de 1994, os Estados-membros adotariam um Sistema Permanente de Solução de Controvérsias:

"ANEXO III
Solução de Controvérsias
1. As controvérsias que possam surgir entre os Estados Partes como consequência da aplicação do Tratado serão resolvidas mediante negociações diretas.
No caso de não lograrem uma solução, os Estados Partes submeterão a controvérsia à consideração do Grupo

Mercado Comum que, após avaliar a situação, formulará no lapso de sessenta (60) dias as recomendações pertinentes às Partes para a solução do diferendo. *Para tal fim, o Grupo Mercado Comum poderá estabelecer ou convocar painéis de especialistas ou grupos de peritos com o objetivo de contar com assessoramento técnico.* Se no âmbito do Grupo Mercado Comum tampouco for alcançada uma solução, a controvérsia será elevada ao Conselho do Mercado Comum para que este adote as recomendações pertinentes.
2. Dentro de cento e vinte (120) dias a partir da entrada em vigor do Tratado, o Grupo Mercado Comum elevará aos Governos dos Estados Partes uma proposta de Sistema de Solução de Controvérsias, que vigerá durante o período de transição.
3. Até 31 de dezembro de 1994, os Estados Partes adotarão um Sistema Permanente de Solução de Controvérsias para o Mercado Comum".

3.1 Fase Transitória — O Protocolo de Brasília

Em cumprimento do inciso 2, do seu Anexo III, o Protocolo de Brasília, de 17 de novembro 1991, idealizou um sistema de solução de controvérsias para o período transitório do MERCOSUL, composto por três fases, quais sejam, a negociação direta, a intervenção do GMC e a arbitragem. Primeiramente, há a negociação amistosa entre as partes, devendo o GMC ser informado dos resultados no prazo de 15 dias. Se não houver acordo, a parte interessada pode requerer que o GMC intervenha, contando este com a assessoria de um Grupo de Peritos, formado por três membros escolhidos de uma lista de 24 nomes registrados na Secretaria Administrativa do MERCOSUL (seis nomes indicados por cada Estado Parte). Com base na decisão dos peritos, o GMC emitirá Recomendação às partes no prazo de 30 dias, a partir do recebimento da reclamação.

Caso isso não solucione a demanda ou o Estado Parte não acate a decisão do GMC, a parte pode recorrer à arbitragem, conforme arts. 7º a 24 do Protocolo. Segundo o art. 8º do referido documento, a jurisdição da arbitragem é obrigatória, não sendo necessário, portanto, acordo especial em cada caso. Um tribunal *ad hoc* decidirá a lide, sendo formado por três árbitros, que devem ser juristas de renomada competência. Cada Estado Parte designará um árbitro, de uma lista de quarenta nomes (10 indicados por cada Estado-membro), registrada na secretaria em Montevidéu. O terceiro árbitro é escolhido de comum acordo entre as partes e deverá ser de país diverso dos envolvidos, cabendo-lhe presidir o Tribunal. Se não houver acordo em relação ao terceiro árbitro, a Secretaria Administrativa do Bloco o sorteará, dentre uma lista, feita pelo GMC, de dezesseis juristas de respeitável capacidade, sendo oito de nacionalidade das partes e oito de outros países latino-americanos. O Tribunal é sediado em Assunção e tem liberdade para estipular as suas regras procedimentais, devendo sempre observar as regras do Tratado de Assunção, as Decisões do Conselho Mercado Comum, as Resoluções do GMC, as Diretrizes da Comissão de Comércio do MERCOSUL, bem como os princípios do Direito internacional. O Tribunal tem prazo de dois meses para se pronunciar, prorrogável por mais trinta dias, podendo tomar medidas cautelares para evitar danos graves e irreparáveis.

A decisão arbitral será tomada por maioria e será obrigatória às partes, que deverão cumpri-la em 15 dias da sua notificação, não havendo possibilidade de recurso. Não obstante, os Estados podem requerer dos árbitros, também no prazo de 15 dias, esclarecimento acerca de questão omissa, obscura ou ambígua, ou interpretação sobre a maneira com que a decisão deverá ser cumprida.

O não-cumprimento apenas dará aos Estados Partes o direito de adotarem medidas compensatórias em relação à parte que descumpriu, o que demonstra a extrema ineficácia do sistema, sobretudo levando-se em consideração a profunda diferença nas economias dos países do MERCOSUL.

No âmbito do Protocolo de Brasília e de seu regulamento (aprovado por Decisão CMC Nº 17/98), foram ditados dez laudos arbitrais.

Vale ressaltar que o Anexo III do Tratado de Assunção apenas se referiu às controvérsias entre os Estados Partes, restando silente no tocante aos conflitos envolvendo particulares.

O Protocolo de Brasília representou, sem dúvida, um avanço em relação ao Tratado de Assunção, no que tange à segurança jurídica, apesar do caráter transitório do sistema proposto. Como bem coloca DAngelis, citando Sanguinetti, "a transcendência do Protocolo de Brasília decorre da aceitação dos Estados em adotar um instrumental jurídico situado acima do âmbito da negociação política, *ex vi* do seu artigo 8º, muito embora o procedimento arbitral instaurado ainda permitir um certo grau de controle por parte dos Estados litigantes — especialmente pela designação de árbitros."[111]

Um avanço trazido pelo Protocolo em questão foi o fato de ter aberto a possibilidade de solução de conflitos envolvendo particulares e não só Estados, o que não fez Tratado de Assunção, que limitou a abrangência do sistema tão-so-

---

111 DANGELIS, Wagner Rocha. *MERCOSUL: Da Intergovernabilidade à Supranacionalidade?* 1ª Ed. (2000), 3ª Tiragem. Juruá Editora, Curitiba, 2006, p. 139.

mente às "controvérsias que possam surgir entre os Estados Partes como conseqüência da aplicação do Tratado" (Anexo III, inciso 1). O art. 25 do Protocolo de Brasília determina que:

> "O procedimento estabelecido no presente capítulo aplicar-se-á às reclamações efetuadas por particulares (pessoas físicas ou jurídicas) em razão da sanção ou aplicação, por qualquer dos Estados Partes, de medidas legais ou administrativas de efeito restritivo, discriminatórias ou de concorrência desleal, em violação do Tratado de Assunção, dos acordos celebrados no âmbito do mesmo, das decisões do Conselho do Mercado Comum ou das Resoluções do Grupo Mercado Comum".

3.2 Fase Definitiva — O Protocolo de Ouro Preto

Para a "Fase Definitiva" do MERCOSUL, a partir de 1º de janeiro de 1995, o Protocolo de Ouro Preto deveria ter estabelecido mecanismos de caráter permanente para a solução de controvérsias, para substituir o sistema transitório. Entretanto, o que fez foi, em linhas gerais, manter o Protocolo de Brasília, postergando a criação de um novo sistema para quando a tarifa externa estivesse consolidada no Bloco (art. 44).

Trouxe, no entanto, duas novidades: a criação da Comissão de Comércio do MERCOSUL (CCM) com funções na solução de controvérsias e a inclusão das Diretrizes emanadas da Comissão como obrigatórias para os Estados-membros, a exemplo das Decisões do CMC e das Resoluções do GMC. Agora seria possível se apresentar reclamações à CCM, através das Seções Nacionais de cada país, pelos Estados Partes ou particulares, nos casos previstos nos arts. 1º ou 25 do Protocolo de Ouro Preto. Note-se que a CCM não tem poder de julgar, apenas analisa os casos e emite pareceres, sistema esse inspirado no GATT, ALALC e NAFTA.

De acordo com o art. 16 do Protocolo do Ouro Preto, os temas das reclamações levadas à CCM devem ser relacionados com o comércio dentro e fora do MERCOSUL e com as políticas comerciais comuns, de acordo com as competências da CCM. Afirma-se que o GMC passou a funcionar como instância recursal da CCM.

De acordo com determinação do art. 16 do Protocolo de Ouro Preto, o Anexo ao Protocolo estabelece em sete artigos o "Procedimento Geral para Reclamações perante a Comissão de Comércio do MERCOSUL". Os Estados Partes submeterão as suas reclamações às Seções Nacionais da CCM que devem agendar a análise do caso para a reunião subseqüente da CCM. Se não for dada solução nesta primeira reunião, a questão será remetida ao GMC, que deverá analisá-la em trinta dias. Se houver concordância em relação à procedência da reclamação, será estipulado um prazo razoável para a parte reclamada cumprir a decisão. Se não houver concordância, no GMC ou na CCM, ou se o Estado reclamado não cumprir as medidas aprovadas, a parte reclamante poderá recorrer à arbitragem, nos termos do Capítulo VI do Protocolo de Brasília, devendo comunicar à Secretaria Administrativa do MERCOSUL.

Não obstante o procedimento acima descrito, que se aplica quando se tratar de matérias próprias da CCM, se o reclamante, pessoa física ou jurídica, necessitar levar adiante a sua reclamação, restar-lhe-à recorrer ao procedimento limitado do Protocolo de Brasília, apresentando a sua controvérsia perante à Seção Nacional do GMC no país em que reside, ou em que fica a sede de seu negócio, que decidirá se dará prosseguimento ou não à contenda. Em caso positivo, a Seção deverá dar uma solução em quinze dias, caso contrário, submeterá a questão ao GMC, que a analisará em sua reunião subseqüente, podendo recebê-la ou não, conforme preencha os requisitos elementares. Em sendo recebida, o GMC poderá designar um grupo de três peritos para resolver a questão no prazo de trinta dias, após ouvir ambas as partes, devendo encaminhar seu parecer ao GMC. Se for procedente o pedido, o GMC ordenará que o Estado infrator cumpra com as medidas determinadas e se não for considerado procedente, o reclamante poderá recorrer à arbitragem.

O Protocolo em questão, todavia, estabeleceu que as decisões dos órgãos mercosulinos (Resoluções, Decisões, Diretrizes) seriam adotadas de acordo com as regras de cada país para incorporação no ordenamento jurídico. Isto significa que a aplicação imediata só se daria se existissem previamente os instrumentos legislativos e suas competências legais; do contrário, o tratamento seria equivalente ao de qualquer tratado internacional.

Apesar de o Protocolo de Ouro Preto ter trazido as duas inovações mencionadas acima, não trouxe nenhuma mudança em questões centrais como: "a) as deliberações sempre por unanimidade; b) o tribunal arbitral *ad hoc* como instância derradeira para análise da demanda; c) as reclamações dos particulares só cabíveis se forem subrogadas pelas seções nacionais; d) nenhuma referência ao princípio da supranacionalidade, tampouco à criação de instâncias judiciais permanentes."[112]

No tocante à participação popular, as pessoas só poderão levar suas controvérsias às instâncias de solução de conflito do MERCOSUL por meio de seus governos, vez que

---

112 *Ibid.*, p. 141.

devem recorrer às seções nacionais da Comissão de Comércio, que decidirá se irá levar ou não a questão ao GMC.

O que demonstra, mais uma vez, a ineficácia do sistema, afinal, é o próprio Estado quem decide se vai levar adiante ou não a queixa sobre violação que ele próprio cometeu.

Assim, o Protocolo de Ouro Preto frustrou as expectativas de criação de um mecanismo supranacional onde a população tivesse ampla proteção de seus direitos, a exemplo da União Européia.

3.3 O Protocolo de Olivos de Solução de Controvérsias no MERCOSUL

O Protocolo de Olivos, assinado em 18 de fevereiro de 2002 e vigente desde 1º de janeiro de 2004, é o documento que regulamenta a solução de controvérsias no MERCOSUL atualmente. Criou o Tribunal Permanente de Revisão e veio para complementar o sistema de solução de controvérsias já existente — baseado, como visto, em negociação direta, conciliação e arbitragem *ad hoc* —, tornando possível, dentre outras coisas, a construção jurisprudencial que antes inexistia.

Segundo Jorge Fontoura[113], o Tribunal foi criado sem se basear no modelo comunitário-europeu, mas conjugando a idéia de um tribunal arbitral permanente, a exemplo do existente no BENELUX, com o modelo da OMC, que possui órgão de apelação em seu sistema de solução de controvérsias, sendo colegiado, revisional e obrigatório.

---

113 FONTOURA, Jorge. *A Evolução do Sistema de Controvérsias — de Brasília a Olivos*. In "Solução de Controvérsias no MERCOSUL". Câmara dos Deputados, Cordenação de Publicações, Brasília, 2003, p. 275.

O Tribunal é formado por cinco árbitros: um árbitro (e seu suplente) designado por cada Estado Parte para um período de dois anos, renovável por, no máximo, dois períodos consecutivos; e um quinto árbitro, escolhido por unanimidade pelos Estados-membros, de uma lista de oito nomes (dois sugeridos por cada Estado Parte, dentre nacionais do Bloco), pelo menos três meses antes da expiração do mandato do quinto árbitro em exercício. Não havendo unanimidade, a designação será feita por sorteio realizado pela Secretaria Administrativa do MERCOSUL.

A sede do Tribunal fica em Assunção.

O artigo 23 do referido Protocolo permite às partes recorrerem ao Tribunal diretamente, representando significativa supressão de instância. Deixaria, neste caso, de ser um órgão revisional para atuar como instância originária.

O mencionado dispositivo faculta às partes envolvidas irem da negociação direta frustrada à fase arbitral, sem ter que passar pela fase de conciliação, da qual participam as Seções Nacionais do Grupo Mercado Comum, "com todas as limitações materiais e logísticas que nos acometem".[114]

O Tribunal é instância final, não cabendo recurso sobre seus laudos, os quais, por conseguinte, fazem "coisa julgada" formal e material, o que também se depreende do artigo 23, conferindo segurança jurídica e credibilidade ao sistema.

Ressalte-se que a sujeição ao órgão revisional em tela é obrigatória a todos os signatários do Tratado de Assunção, sendo vedada a cláusula facultativa de jurisdição obrigatória, comum no Direito Internacional clássico.

Os Estados Partes, seus Tribunais Superiores, bem como órgãos decisórios do MERCOSUL, também podem

---

114 *Ibid.*, p. 276.

solicitar ao Tribunal Permanente opiniões consultivas acerca do Direito da integração.

Não obstante as importantes inovações trazidas pelo presente Protocolo, este nada acrescentou à questão da possibilidade de acesso de pessoas, físicas e jurídicas, que continuam podendo chegar ao sistema de solução de controvérsias do MERCOSUL apenas por via de representação diplomática, o que já era previsto no Protocolo de Brasília e representa uma contradição, vez que o Estado tem que autorizar o envio ao sistema regional da lide em que ele próprio é réu.

O comércio regional no MERCOSUL aumentou consideravelmente na década de 90, porém, o primeiro caso solucionado por arbitragem só surgiu em 28 de abril de 1999[115], com a maioria dos conflitos até então dirimidos por negociação direta ou conciliação.

A implantação do Tribunal Permanente veio ao encontro do desejo por segurança jurídica no comércio regional, que "só as instituições permanentes podem proporcionar"[116].

3.4 O Acordo de Arbitragem Comercial do MERCOSUL

O Acordo sobre Arbitragem Comercial Internacional do MERCOSUL representou um avanço na regulamentação da resolução de conflitos no âmbito do Bloco. Foi estabelecido para regular as relações entre particulares decor-

---

115 O famoso caso "SISCOMEX", que trata do conflito entre Brasil e Argentina relativo à aplicação de medidas restritivas ao comércio recíproco.
116 *Ibid.*, p. 274.

rentes de contratos internacionais e, como aponta Nádia de Araujo, "veio ao encontro dos anseios existentes no Bloco Mercosulino de uma regulamentação uniforme sobre a Arbitragem Comercial Internacional, pois tudo indica que esta será a via preferencial utilizada pelos particulares para dirimirem suas controvérsias no MERCOSUL."[117]

O Acordo foi negociado na Reunião de Ministros de Justiça do MERCOSUL e aprovado na Reunião do Conselho do Mercado Comum, realizada em Buenos Aires, em julho de 1998, por meio da Decisão CMC 3/98.[118]

O referido diploma traça regras e princípios detalhados para reger a arbitragem e é complementado por outros documentos do MERCOSUL que tratam de matérias relacionadas ao assunto, como o Protocolo de Buenos Aires, sobre jurisdição internacional, o Protocolo de Medidas Cautelares, o Protocolo de Brasília, sobre solução de controvérsias, e o Protocolo de Las Leñas, sobre cooperação interjurisdicional, que, no caso brasileiro, já vem sendo aplicado no Supremo Tribunal Federal. Essa regra de complementaridade serve para evitar que o Acordo viole os Protocolos acima, "assim como as Convenções Interamericanas das CIDIPS[119] já existentes, promovendo sua integração ao determinar o respeito às suas normas com relação ao reconhecimento e execução dos laudos arbitrais."[120]

---

117 ARAUJO, Nádia. *Contratos Internacionais: Autonomia da Vontade, MERCOSUL e Convenções Internacionais*. 3ª Ed. revisada e ampliada. Rio de Janeiro, Ed. Renovar, 2004, p. 338.

118 O mesmo Acordo também foi firmado entre MERCOSUL, Chile e Bolívia, através da Decisão CMC 4/98.

119 Conferências Interamericanas Especializadas sobre Direito Internacional Privado.

120 ARAUJO, Nádia. *Contratos Internacionais: Autonomia da Vonta-*

O Acordo trata tanto de questões materiais como procedimentais, como as relativas à escolha e ao exercício da missão do árbitro, à formação e ao funcionamento do tribunal arbitral e à sentença arbitral.

No Brasil, o documento entrou em vigor através do Decreto 4719, de 4/6/2003, e, segundo Nádia de Araujo, é compatível com a Lei de Arbitragem, Lei 9307/96, apesar de divergirem no que diz respeito à escolha da lei aplicável ao conflito. O Acordo determina, em seu artigo 10, que as partes poderão optar entre os métodos de Direito Internacional Privado ou do Direito do Comércio Internacional para se chegar à lei aplicável ao conflito, ao passo que a Lei de Arbitragem brasileira, em seu art. 2º, dá liberdade para as partes escolherem *qualquer regra* de direito para ser aplicada na arbitragem, "desde que não haja violação aos bons costumes e à ordem pública", podendo valer-se, também, de princípios gerais do Direito e regras internacionais do comércio, o que representa a prevalência do princípio da autonomia da vontade e da liberdade contratual. Contudo, isto não constitui um obstáculo à aplicação do Acordo no Brasil, pois o Decreto que o introduziu no país fez ressalva ao referido artigo 10 do Acordo.

Assim, "as sentenças arbitrais foram regulamentadas em consonância com a lei brasileira, mas suas regras têm a função de preencher uma lacuna existente nas legislações dos demais países-membros, Argentina, Uruguai e Paraguai. São normas de caráter imperativo e aqui não se admite qualquer modificação pelas partes, como, por exemplo, o descumprimento da exigência de forma escrita das sentenças".[121]

---

de, MERCOSUL e Convenções Internacionais. 3ª Ed. revisada e ampliada. Rio de Janeiro, Ed. Renovar, 2004, p. 339.
121 *Ibid.*, p. 343.

É de se notar que o Acordo também prevê a aplicação subsidiária da Lei Modelo da UNCITRAL[122] sobre Arbitragem Internacional, em caso de lacuna ou de situação não prevista pelas partes.

A tendência atual é promover a uniformização das normas de conflitos de leis para assegurar a segurança jurídica, fundamental para o bom funcionamento do comércio internacional, principalmente, nas relações comerciais entre os países de um mesmo bloco regional.

O Acordo representa uma alternativa à justiça estatal, acompanhando o ritmo mundial, sendo de grande utilidade, especialmente, considerando a praticidade, a rapidez e o menor custo da arbitragem, em comparação ao processo judicial. Além disso, fica evidente a sua relevância ao se levar em conta que o intercâmbio comercial na região do Cone Sul vem se intensificando, e a tendência é que continue a crescer.

---

[122] Comissão das Nações Unidas para o Direito Comercial Internacional.

4. SOBERANIA X SUPRANACIONALIDADE

O MERCOSUL carece de um elemento-chave para o sucesso de um projeto de integração, qual seja, a supranacionalidade. O processo integratório mercosulino encontra-se, atualmente, diante de um dilema: insistir em dar continuidade à construção de um mercado comum baseando-se em instituições precárias e desprovidas de autonomia decisória ou caminhar para a criação de uma ordem jurídica comunitária, ou, ao menos, a harmonização legislativa entre os Estados-membros, como sinalizada no Tratado de Assunção, e que ainda não vem sendo promovida.

4.1 Ausência de Supranacionalidade

O processo de tomada de decisões no MERCOSUL realiza-se por consenso entre os Estados-membros, o que o torna um processo singular, pois, em geral, nas experiências de integração, dá-se por maioria. Assim, as instituições mercosulinas têm caráter intergovernamental e, por esta razão, afirma-se que as normas por elas emanadas, nas palavras de D'Angelis, "não constituem propriamente uma jurisdição supranacional. Para que assim fosse, tal qual ocorre na União

Européia, seria necessário contar com órgãos autônomos (distintos da representação dos Estados Partes) e com as atribuições de competência apropriadas ao papel que se convencionou dotá-los, além da eficácia direta das normas no direito interno".[123] A aplicação de tais normas ainda necessita passar pelo processo de recepção, em que a norma se submete à aprovação parlamentar e é incorporada ao Direito pátrio. É o processo clássico de ratificação de tratados internacionais, o que evidencia que o MERCOSUL não possui Direito comunitário, pois este diz respeito justamente à nãonecessidade das normas emanadas em seu âmbito passarem pelo mecanismo da recepção, aplicando-se diretamente aos Direitos nacionais, a exemplo da UE.

O artigo 1º do Tratado de Assunção remete ao compromisso dos membros do MERCOSUL em harmonizar as suas legislações, não tendo, contudo, estabelecido nenhum mecanismo para que isto fosse alcançado. Sendo assim, as decisões tomadas pelos órgãos do Bloco só se aplicam ao Direito interno dos Estados-membros após serem recepcionadas. No caso brasileiro, a situação é ainda mais complicada, vez que, aqui, a norma externa é igualada à lei ordinária, tendo que, portanto, passar pela aprovação das duas casas legislativas, podendo ser, inclusive, alterada, revogada por lei nacional mais recente, e interpretada de maneira diversa pelos tribunais dos Estados.

No entanto, no artigo 38 do Protocolo de Ouro Preto, as partes assumem a obrigação de recepcionar as decisões tomadas pelos órgãos mercosulinos, devendo, ainda, comunicar à Secretaria Administrativa acerca dos procedimentos adotados para o cumprimento destas decisões:

---

[123] D'ANGELIS, Wagner Rocha. *MERCOSUL: Da Intergovernabilidade à Supranacionalidade?* 1ª Edição (2000), 3ª tiragem (2006). Juruá Editora, Curitiba, p. 182.

"Artigo 38 — Os Estados Partes comprometem-se a adotar todas as medidas necessárias para assegurar, em seus respectivos territórios, o cumprimento das normas emanadas dos órgãos do MERCOSUL previstos no artigo 2 deste Protocolo.

Parágrafo único — Os Estados Partes informarão à Secretaria Administrativa do MERCOSUL as medidas adotadas para esse fim".

Após a Secretaria Administrativa receber as comunicações de todos os membros, informará a cada um deles e, decorridos 30 dias, a decisão entrará em vigor simultaneamente nos países membros. É o que determina o artigo 40 do referido diploma.

A norma adotada no âmbito do MERCOSUL só não teria que passar pelo processo de recepção caso ela já estivesse disciplinada na jurisdição local, hipótese em que ela teria aplicação direta. Entretanto, isso é exceção. Não estão presentes no Protocolo de Ouro Preto os princípios da primazia e da aplicabilidade direta das normas mercosulinas.

Além do mais, se um Estado não cumprir com a decisão, isto não ensejará sanção alguma para ele. As controvérsias estatais no campo do descumprimento desse tipo de obrigação "se enquadram num processo complexo, que exige a regra do consenso entre os parceiros, inclusive do infrator. Se não houver solução satisfatória com tal expediente, resta o recurso à arbitragem, o que, de resto, os Estados pouco têm utilizado — e no caso do MERCOSUL com mais razão, porque o não-cumprimento do laudo pode ocasionar apenas a adoção de medidas compensatórias temporárias, de eficácia pouco provável".[124]

---

124 *Ibid.* p. 184.

Assim, pode-se afirmar que as decisões dos órgãos do MERCOSUL, como afirma DAngelis, citando Pedro Dallari, não constituem "normas jurídicas em sentido estrito, mas sim em determinações políticas que vinculam os Estados Partes à promoção de adequações nos respectivos ordenamentos jurídicos internos".[125] As normas emanadas dos órgãos do MERCOSUL não têm a mesma natureza das tomadas no âmbito da UE, equivalendo às dos acordos internacionais.

4.2 Um Novo Conceito de Soberania

O fato de que os Estados optaram por não transferir nenhuma parcela de suas competências legislativas aos órgãos do MERCOSUL impede que a harmonização legislativa ocorra através da adoção de normas que não dependam do processo de recepção.

Isso ocorre porque os Estados envolvidos no processo integratório do Cone Sul estão vinculados demasiadamente à noção clássica da soberania como inalienável e indivisível. Entretanto, no Direito de integração, como bem aponta D'Angelis, "se faz necessário admitir o desmembramento parcial da soberania".[126] Os defensores da retenção total da soberania alegam desejar a integração, ao mesmo tempo que afirmam ser intocável a soberania, o que revela uma incoerência.

Se verdadeiramente se quer obter sucesso no processo de integração, urge modificar os paradigmas. Isto importa mudar a visão clássica de soberania. No mundo atual, com

---

125 *Ibid.* p. 185.
126 *Ibid.* p. 186.

a globalização e intensa integração regional, caminha-se em direção da "soberania supranacional, síntese da delegação de outras soberanias"[127].

Como ressaltou Celso de Albuquerque Mello, "vivemos em um período de transição em que a soberania tem um conteúdo meramente formal. (...) Tem-se considerado que o Estado dotado de soberania continua a existir e o que ele delega aos organismos internacionais são apenas algumas competências. Enfim, a soberania não é mais indivisível"[128].

Segundo uma visão mais internacionalista, a lei pode limitar a soberania, submetendo o Estado à ação restritiva dos acordos internacionais. A noção de soberania como conceito jurídico, que, como tal, pode ser alterado, e não mais como dogma político imutável, é que deve nortear um processo integratório que pretenda ser bem sucedido.

Como destaca D'Angelis, foi desta maneira que a UE chegou ao conceito de soberania compartilhada ou coletiva, onde cada Estado limitou direitos soberanos em determinadas áreas, repassando-os às instituições supranacionais, sobre as quais eles não têm controle direto. Assim, os Estados abrem mão de sua liberdade de ação sobre determinadas áreas em prol das instituições supranacionais. Não há perda da soberania, como alegam os chamados "eurocéticos" e os "soberanistas", mas sim "uma limitação' consentida, posto que disposta através de tratados, permanecendo intocada a subordinação direta de cada país ao Direito internacional. E mais, no entendimento de muitos doutrinadores, o que se transfere não é a titularidade dos poderes,

---

127 Ibid., p. 186.
128 MELLO, Celso D. de Albuquerque. *Direito Internacional da Integração*. Renovar, Rio de Janeiro, 1996, p. 123.

mas sim, o exercício (temporário) de poderes determinados dos Estados Partes para a Comunidade."[129]

O autor vai mais além, afirmando que há sim limitações ao conceito tradicional de soberania, não só pela adesão do Estado a um bloco econômico ou qualquer outra espécie de organização internacional, mas pela simples necessidade de convivência com os demais países. Isto muitas vezes, significa restringir o exercício da sua soberania, o que, de maneira alguma, implica perda da soberania.

4.3 Rumos para o MERCOSUL

É necessário criar instituições que respondam às necessidades de uma verdadeira integração, que detenham autonomia para exercer suas funções, emitir normas e solucionar conflitos. Uma dessas instituições seria um tribunal de justiça permanente, essencial ao nosso processo de integração. Há no âmbito do MERCOSUL, como visto, o tribunal *ad hoc*, que foi acionado poucas vezes e não se mostrou eficiente, pelo fato de suas decisões não se aplicarem diretamente aos Direitos internos e não haver sanção gravosa ao descumprimento das mesmas. Isso nos remete novamente ao problema da falta de supranacionalidade. Como assinalado anteriormente, foi criado, em 2002, o Tribunal Permanente de Revisão que, por ser uma instituição permanente e poder funcionar, por vezes, como uma primeira instância, trouxe mais segurança jurídica à solução de conflitos no MERCOSUL. Entretanto, não supre a falta de um verdadeiro tribunal de justiça no âmbito do Bloco.

---

[129] D'ANGELIS, Wagner Rocha. *MERCOSUL: Da Intergovernabilidade à Supranacionalidade?* 1ª Edição (2000), 3ª tiragem (2006). Juruá Editora, Curitiba, p. 187.

Algumas das Constituições dos Estados-membros mencionam o incentivo à participação em processos de integração ou cooperação; no entanto, não abrem mão de fazer referência expressa à soberania estatal. As cartas constitucionais prevêem o controle constitucional das leis e todo um mecanismo complexo de manifestação da vontade estatal em relação às obrigações internacionais, sendo que as Constituições do Brasil e do Uruguai não fazem qualquer alusão à supranacionalidade ou a um Direito comunitário.

A Constituição argentina, além de fazer menção à supranacionalidade, admite a delegação de competências a entidades internacionais dotadas de tal atributo, apesar de vincular essa permissão aos princípios da reciprocidade e da igualdade, prática comum no Direito Internacional. Além disso, coloca os dispositivos editados em decorrência dessa delegação de competência em posição hierárquica acima das leis ordinárias, somente ficando abaixo da Constituição Federal. A Carta Magna do Paraguai é a mais aberta em relação a esse tema. Mesmo enfatizando a soberania e a independência nacionais, em seu preâmbulo, prevê claramente a supranacionalidade e a possibilidade da existência de um ordenamento jurídico supranacional e é a que apresenta o maior número de artigos dedicados às relações exteriores.

Se a Argentina e o Paraguai já apresentam a abertura constitucional necessária para a criação de mecanismos supranacionais, o mesmo não se pode dizer do Brasil e do Uruguai. Não obstante, no que concerne à formação de um tribunal comunitário, aponta Luiz Olavo Batista que a instauração de um Tribunal do MERCOSUL exigiria "a modificação das Constituições dos quatro países. Será preciso que eles admitam a existência de um órgão judicial supranacional, que predomine sobre a estrutura dos respectivos Poderes Judiciários."[130] Destarte, se os Estados-membros, sobretudo o Brasil, querem realmente desenvolver um processo de integração completo, envolvendo, para além do aspecto econômico, os campos político, social e cultural, devem modificar a sua cultura político-jurídica no tocante ao conceito de soberania, para adaptá-lo aos novos padrões das relações internacionais que também impõem novos papéis ao Estado nacional, o que pode exigir, inclusive, reforma constitucional.

O prazo para a consolidação do MERCOSUL dependerá do tempo que o Brasil, a Argentina, o Paraguai e o Uruguai levarão para aceitar que essa mudança é crucial e que a cessão de uma parcela da soberania é requisito para uma real integração, mormente no campo das políticas fiscais e econômicas. Não se deve temer a existência da supranacionalidade, pois, como visto, ela "não afeta a soberania como atributo jurídico-internacional, limita-se às matérias e aos campos que os parceiros definirem em comum acordo (...), a fim de defender o que deve representar a soberania repensada: o domínio dos meios para a maior capacidade possível de realizar ou de executar, sendo destinatário privilegiado o contingente populacional de seus territórios, sem exclusões"[131].

Algo que pode vir a impulsionar o desenvolvimento do MERCOSUL é a União das Nações Sul-Americanas —

---

130 BAPTISTA, Luiz Olavo. *A Solução de Divergências no MERCOSUL*. In BASSO, Maristela (organizadora). "MERCOSUL: seus efeitos jurídicos, econômicos e políticos nos Estados-membros." Livraria do Advogado, Porto Alegre, 1995, p. 109-110.
131 D'ANGELIS, Wagner Rocha. *MERCOSUL: Da Intergovernabilidade à Supranacionalidade?* 1ª Edição (2000), 3ª tiragem (2006). Juruá Editora, Curitiba, p. 226.

UNASUL, idealizada na terceira reunião de cúpula dos presidentes da América do Sul, em Cuzco, no Peru, em dezembro de 2004, e formalizada na reunião destes 12 países, em Brasília, em maio de 2008. A UNASUL tem por objetivo promover a integração política, econômica e social na América do Sul e unificar a Comunidade Andina de Nações (CAN) e o MERCOSUL. Em 15 de setembro de 2008, realizou-se uma reunião de emergência em Santiago, no Chile, com a presença dos presidentes dos países do Cone Sul, para discutir a crise na Bolívia, onde havia suspeita de golpe de Estado contra o presidente Evo Morales, em meio a violentos confrontos entre opositores e apoiadores do presidente, tendo o presidente da Venezuela, Hugo Chávez, ameaçado intervir caso o presidente boliviano fosse derrubado. A conclusão do encontro foi um contundente apoio a Evo Morales e ao estabelecimento de um diálogo para resolver o conflito, lançando um alerta vigoroso contra eventual tentativa de golpe naquele país. Atitudes como esta mostram que os países da América do Sul estão se organizando e tomando posições, reafirmando que a democracia é um marco constitutivo do projeto da UNASUL e do MERCOSUL.

Alguns críticos defendem que a UNASUL será apenas mais uma sigla em meio a tantas outras na região; outros afirmam tratar-se de uma iniciativa interessante e acreditam ser melhor haver tentativas ambiciosas como essa, do que não se formular projetos por receio de que não irão se concretizar. Assim, a despeito das críticas de alguns estudiosos e da mídia e de ter um longo e árduo caminho pela frente, a iniciativa apresentada em Cuzco tem grande potencial a ser aproveitado.

Autores como Julie Schmied defendem esse potencial com base em alguns fatores que facilitariam a integração na América Latina em comparação com a Europa, como a existência de apenas dois idiomas oficiais aqui (português e espanhol); a similitude entre os sistemas jurídicos dos países; o estabelecimento de Estados nacionais nas três primeiras décadas do século passado, com patrimônio cultural comum; os períodos de paz na região, com mais sucesso do que em outras partes do globo, apesar de haver conflitos e tensões diplomáticas; e, finalmente, o fato de estar fora dos circuitos terroristas, um dos maiores problemas da política internacional na atualidade.

Conclui a autora que não há alternativa para o continente latino-americano fora da integração regional de modo que "este é o caminho viável e promissor para o continente progredir e conseguir sua almejada estabilidade política e econômica."[132]

---

132 SCHMIED, Julie. *Cenários da integração regional: os desafios da União de Nações Sul-americanas (UNASUL) — o novo caminho da integração na América do Sul*. In "União Européia e MERCOSUL: dois momentos especiais da integração regional". Cadernos Adenauer VIII (2007), n° 1. Fundação Konrad Adenauer, Rio de Janeiro, 2007, p. 107.

5. QUADROS COMPLEMENTARES

QUADRO 3 — AS PRINCIPAIS DATAS DA CONSTRUÇÃO DO MERCOSUL

30/11/1985 — Assinatura da Declaração de Iguaçu pelos presidentes do Brasil e da Argentina, que preconiza uma possível integração econômica bilateral.

29/06/1986 — Assinatura da Ata para a Integração Argentino-Brasileira, que foi resultado dos trabalhos da Comissão Mista, criada para colocar em prática os objetivos estabelecidos na Declaração de Iguaçu.

10/12/1986 — Assinatura da Ata da Amizade Argentino-Brasileira, Democracia, Paz e Desenvolvimento.

06/04/1988 — Assinatura da Ata de Alvorada — Decisão Tripartite n. 1, prevendo a incorporação do Uruguai.

29/11/1988 — Assinatura do Tratado de Integração, Cooperação e Desenvolvimento, que prevê a criação de um espaço econômico comum entre Argentina e Brasil e a harmonização de políticas (desde aduaneiras até de comunicação), estabelecendo um prazo de 10 anos para a realização de tais metas.

06/07/1990 — Assinatura da Ata de Buenos Aires, que cria o Grupo Mercado Comum (ainda bilateral), órgão executivo do

Bloco, e estabelece um mercado comum entre Brasil e Argentina para fins de 1994, reduzindo, assim, o prazo estabelecido no Tratado de Integração, Cooperação e Desenvolvimento de 10 para 5 anos.

Dezembro/1990 — Assinatura do Acordo de Complementação Econômica n. 14, no foro da ALADI, que consolida, junto a esta, os acordos firmados desde 1985.

26/03/1991 — Assinatura do Tratado de Assunção, que institui o MERCOSUL, tendo como parceiros fundadores a Argentina, o Brasil, o Paraguai e o Uruguai. Prevê a criação de um verdadeiro mercado comum e estabelece o caminho e as condições para que isto seja alcançado. Possui sérias metas integracionistas, apesar de não prever nenhum aspecto normativo ou procedimento do tipo comunitário.

17/11/1991 — É firmado o Protocolo de Brasília, que cria um sistema de solução de controvérsias para o período de transição, tendo regulado a matéria até o advento do Protocolo de Olivos, em 2002.

27/06/1992 — Assinatura do Protocolo de Cooperação e Assistência Jurisdicional em matéria Civil, Comercial, Trabalhista e Administrativa (Protocolo de Las Leñas).

05/08/1994 — Assinatura do Protocolo de Buenos Aires sobre Jurisdição Internacional em Matéria Contratual, que estabelece regras aplicáveis à jurisdição contenciosa internacional relativa aos contratos internacionais de natureza civil ou comercial, celebrados no âmbito do MERCOSUL.

17/12/1994 — Assinatura do Protocolo de Ouro Preto, determinando que, a partir de 1º de Janeiro de 1995, por-se-ia em prática as fases de livre comércio e de união aduaneira (parcial, tendo em vista a existência de listas de adequações e exceções aos produtos negociáveis).

23/07/1998 — Assinatura do Acordo sobre Arbitragem Comercial Internacional do MERCOSUL, estabelecido para regular as relações entre particulares decorrentes de contratos internacionais.

23/07/1998 — Assinatura do Protocolo de Ushuaia sobre Compromisso Democrático no MERCOSUL, Bolívia e Chile, que reitera os princípios e objetivos do Tratado de Assunção e prioriza a vigência do regime democrático como condição essencial para a integração mercosulina.

10/12/1998 — Brasil, Argentina, Uruguai e Paraguai assinam a Declaração Sócio-laboral do MERCOSUL, que define e reafirma princípios e direitos na área do trabalho e o compromisso dos Estados Partes em promovê-los.

18/02/2002 — Assinatura do Protocolo de Olivos, que regula a solução de controvérsias no MERCOSUL atualmente. Cria o Tribunal Permanente de Revisão, possibilitando a construção jurisprudencial, inexistente até então.

06/12/2002 — Assinatura do Acordo sobre Residência para Nacionais dos Estados Partes do MERCOSUL, Bolívia e Chile, determinando que cidadãos de qualquer dos países signatários, poderão obter, mediante comprovação de nacionalidade, residência temporária em outro país do Bloco, podendo ser convertida em residência permanente.

Outubro/2005 — Durante a XV Cúpula Íbero-americana, realizada em Salamanca, na Espanha, a Venezuela solicita a sua admissão ao MERCOSUL.

09/12/2005 — Assinatura do Protocolo Constitutivo do Parlamento do MERCOSUL, criado para substituir a Comissão Parlamentar Conjunta, com a função de representar a população. De acordo com o Protocolo, a partir de 2011, será constituído por membros eleitos por sufrágio universal.

04/07/2006 — Assinatura do Protocolo de Adesão da Venezuela ao MERCOSUL, que prevê a entrada do país no Bloco como um Estado Parte. Depende da ratificação dos quatro países-membros para entrar em vigência. Até o presente, somente a Argentina e o Uruguai o fizeram.

Dezembro/2006 — Bolívia solicita a sua entrada no MERCOSUL.

28/07/2009 — Entra em vigor o Acordo sobre Residência para Nacionais dos Estados Partes do MERCOSUL, Bolívia e Chile, de 2002, permitindo a residência dos nacionais destes Estados em outro país do Bloco.

QUADRO 4 — COMO FUNCIONA O MERCOSUL?

MERCOSUL — Argentina, Brasil, Paraguai e Uruguai se uniram para formar o Mercado Comum do Sul, que iniciaria como uma zona livre de comércio, em sua fase transitória, e, posteriormente, transformar-se-ia em união aduaneira imperfeita (pois ainda há inúmeras restrições e exceções), em sua fase definitiva. O objetivo último é estabelecer um mercado unificado entre os membros. O Bloco é caracterizado pela intergovernabilidade, visto que a tomada de decisões ainda depende da unanimidade de aprovação dos Estados Partes, o que dificulta o avanço do processo integratório. Para acelerar este processo, seria necessário criar instituições supranacionais, que tivessem maior autonomia e independência.

Conselho do Mercado Comum (CMC) — É o órgão superior do MERCOSUL, cabendo-lhe a tomada das decisões e a condução política do processo de integração, para assegurar o cumprimento do Tratado de Assunção, seus Protocolos e acordos firmados em seu âmbito. Assim, é o guardião do ordenamento do MERCOSUL e o responsável por interpretar e aplicar as normas mercosulinas; cabendo-lhe, em última instância, o papel de "Tribunal Constitucional do MERCOSUL". Além disso, é o órgão designado como titular da personalidade jurídica internacional do MERCOSUL, incumbindo-lhe negociar e firmar acordos em nome do Bloco. É integrado pelos Ministros das Relações Exteriores e pelos Ministros da Economia, ou seus equivalentes, dos Estados Partes. A Presidência é rotativa entre os Estados, por ordem alfabética, para o período de seis meses e as reuniões ocorrem pelo menos uma vez por semestre, podendo haver outras, sempre que se entender pertinente.

Grupo Mercado Comum (GMC) — Está subordinado ao CMC e é o órgão executivo do MERCOSUL, estando em segundo lugar na hierarquia institucional do Bloco. Contudo, não é um órgão permanente, funcionando por meio de sessões, ordinárias ou extraordinárias, sempre que necessário. Conta com uma Secretaria Administrativa e dez Sub-grupos de Trabalho. Divide a função de guardião legal do MERCOSUL com o CMC, desempenhando, dessa forma, além de papel técnico, função política. Incumbe-lhe, ainda, propor projetos de decisão ao CMC. É composto por quatro membros titulares e quatro membros alternados de cada país, escolhidos pelos governos nacionais, devendo constar obrigatoriamente representantes dos Ministérios da Economia e dos Bancos Centrais.

Comissão de Comércio do MERCOSUL (CCM) — É o órgão encarregado de auxiliar o Grupo Mercado Comum, estando, portanto, hierarquicamente subordinado a ele. Incumbe-lhe velar pela aplicação dos instrumentos de política comercial comum para o funcionamento da união aduaneira, além de acompanhar e revisar assuntos concernentes às políticas comerciais comuns e ao comércio dentro e fora do Bloco. Detém, ainda, funções legislativas, propondo normas de matéria comercial, submetidas à apreciação pelo Grupo Mercado Comum. Também desempenha papel importante na solução de controvérsias, recebendo reclamações das Seções Nacionais da Comissão de Comércio, funcionando como uma primeira instância para a resolução de conflitos. É composta por quatro membros titulares e quatro membros alternados de cada país membro, sendo coordenada pelos Ministérios das Relações Exteriores, a exemplo do GMC.

Parlamento do MERCOSUL (PM) — Criado para substituir a Comissão Parlamentar Conjunta. Tem a função de representar os cidadãos dos países do Bloco, de forma independente e autônoma, e não os Parlamentos nacionais. O Parlamento do MERCOSUL é um órgão unicameral e, conforme previsto no Protocolo que o criou, a partir de 2011, será integrado por representantes eleitos por sufrágio universal, direto e secreto, em eleições organizadas por cada Estado Parte, de acordo com o seu calendário eleitoral. A partir de 2014, as eleições ocorrerão simultaneamente em todos os países do Bloco no "Dia do MERCOSUL Cidadão", a ser instituído pelo CMC.

Tribunal Permanente de Revisão (TPR) — Veio para complementar o sistema de solução de controvérsias existente, possibilitando a construção jurisprudencial que antes inexistia. É formado por cinco árbitros: um árbitro designado por cada Estado Parte para um período de dois anos, renovável por dois períodos consecutivos; e um quinto árbitro, escolhido por unanimidade pelos Estados-membros, de uma lista de oito nomes (dois sugeridos por cada Estado Parte, dentre nacionais do Bloco). A sua sede fica em Assunção. Permite-se às partes recorrerem ao Tribunal diretamente, passando da negociação direta frustrada à fase arbitral, sem ter que passar pela fase de conciliação, representando significativa supressão de instância. O Tribunal é instância final, não cabendo recurso sobre seus laudos, conferindo segurança jurídica e credibilidade ao sistema. A criação de um tribunal permanente, seja de revisão ou não, representa considerável avanço à integração regional.

À GUISA DE CONCLUSÃO

Com os processos de integração regional e de globalização, o Estado nacional sofreu um enfraquecimento em relação a três de seus elementos essenciais, quais sejam: i) território, visto, por exemplo, que o capital, financeiro e industrial, tornou-se transnacional, a comunicação eletrônica ultrapassa fronteiras e a questão ambiental, como o aquecimento global, não pode ser resolvida por um Estado sozinho. A cultura local também resta afetada, pois é influenciada pela cultura global e mistura-se a ela, originando o que já se denominou de cultura "glocal"; ii) autonomia, na medida em que as grandes multinacionais detêm mais poder econômico e mais influência do que muitos Estados nacionais na atualidade; e iii) soberania, cujo conceito clássico, como já estudado no presente trabalho, sofreu um impacto, dando lugar ao que alguns autores chamam de "soberania compartilhada".

Não obstante, o Estado ainda exerce papel fundamental em áreas como a social, educacional e, inclusive, econômica, o que ficou evidente durante a crise econômica mundial de 2008, em que os governos dos países centrais tiveram que realizar forte intervenção, estatizando bancos e injetando trilhões de dólares em instituições financeiras, na tentativa de evitar uma depressão econômica. A conseqüência foi o enfraquecimento da então dominante doutrina neoliberal, com a adoção de maior regulação, participação e fiscalização por parte dos Estados, a fim de garantir o bom andamento e equilíbrio da economia, evitando-se uma nova crise no futuro.

Assim, apesar de o Estado nacional ter sofrido um impacto em razão do fenômeno integratório, este não representa, de modo algum, a sua extinção. O Estado-nação continua, ainda que com funções e peso diferentes. É o seu *papel* que muda, face às mudanças trazidas pela globalização, como vimos no caso da U.E.

Com relação ao MERCOSUL, o Brasil, a Argentina, o Paraguai e o Uruguai, com uma população total de 246 milhões de habitantes, iniciaram um amplo processo de integração regional baseado em acordos comerciais e no compromisso com as liberdades democráticas, aceitação da diversidade cultural, religiosa e étnica e combate à desigualdade social.

O grau de integração alcançado no MERCOSUL, ainda que largamente insuficiente, representa um avanço em relação às experiências anteriores. Os esforços em direção à redução de barreiras alfandegárias e à unificação da tarifa externa são exemplos de cooperação econômica.

O Bloco já representa, ao lado de outros mercados emergentes, uma opção importante de comércio externo, o que contribui para diminuir a histórica dependência da América Latina em relação aos países desenvolvidos. O MERCOSUL conta com a primeira reserva de água potável do planeta, uma das maiores de petróleo e é um dos maiores produtores de alimentos. Tem um grande potencial econômico a ser explorado.

Já vimos que um dos maiores obstáculos à integração é a recusa atual de avançar em direção à supranacionalidade, isto é, criar instituições verdadeiramente supranacionais que predominem sobre cada país em particular, bem como superar o atual sistema baseado apenas em decisões por consenso.

Na Europa de hoje, as decisões supranacionais fazem parte da vida prática dos cidadãos no que diz respeito a questões de ordem jurídica, política, econômica, comercial, social, etc., mas, no plano cultural e afetivo, cada um se sente pertencente a seu Estado nacional. A vida prática, objetiva, é cada vez mais transnacional, mas a identificação primeira ainda é nacional.

O modelo da União Européia é, sem dúvida, uma referência importante, mas com as devidas adaptações e sempre respeitando a especificidade sul-americana. Temos aspectos em comum com o continente europeu — raízes semelhantes e falamos as mesmas línguas; no entanto, devemos ter em mente que a nossa realidade é muito distinta.

Numa perspectiva otimista, embora o MERCOSUL seja um processo ainda muito incipiente, a tendência é que continue avançando em direção a uma integração mais completa, a exemplo da UE, guardadas as devidas proporções e respeitadas as diferenças, ainda que a passos lentos. No continente europeu, o processo de integração também levou décadas para se concretizar e ainda hoje vive incertezas em razão de divergências.

Apesar das controvérsias, o processo de integração europeu não sofreu solução de continuidade. Mesmo os dois principais vetores do avanço da UE, o euro e a abolição de fronteiras — com os tratados Schengen —, foram conquistados sem a obtenção de unanimidade entre os Estados. Consoante Julie Schmied, "a União Européia passou por períodos de eurotimismo, de europessimismo e, posteriormente por um eurosceptismo ante a paralisia do processo. Contudo, manteve o propósito de continuar avançando dentro do mesmo escopo comunitário, não deixando de lado o plano inicial do Tratado de Roma, se adaptando aos tempos, com um desígnio claro e vontade política".[133]

Essa tendência global à integração regional também se deve à constatação de que a integração se mostra como única alternativa ao isolamento econômico em um mundo globalizado e cada vez mais competitivo como o atual. Já se disse que a maioria dos países são hoje meras províncias dos países hegemônicos dominantes. Nesse sentido, a integração não representa ameaça ao Estado nacional, mas vem justamente para assegurar que ele possa manter a sua autonomia, através de cooperação e fortalecimento mútuos.

Entretanto, para que isso ocorra, é necessário que haja uma integração completa, ou seja, é essencial construir pontes no plano cultural, social, educacional, etc. A integração regional não será alcançada apenas pela via comercial, sendo fundamental a participação dos organismos representativos da sociedade civil no processo de construção regional.

Como aponta o professor Elmar Altvater, há dois tipos de integração, a positiva e a negativa. A integração positiva é a mais complicada porque requer bases culturais, que pré-existem ou que devem ser criadas, sempre respeitando a história e a língua dos povos envolvidos. A integração negativa, a seu turno, implica desregulação. Segundo o professor alemão, trata-se de um enorme projeto de *desencaixe*[134] do mercado. O termo *desencaixe* refere-se à retirada

---

133 SCHMIED, Julie. *Cenários da integração regional: os desafios da União de Nações Sul-americanas (UNASUL) — o novo caminho da integração na América do Sul.* In "União Européia e MERCOSUL: dois momentos especiais da integração regional". Cadernos Adenauer VIII (2007), nº 1. Fundação Konrad Adenauer, Rio de Janeiro, 2007, p. 106.
134 Disembedding.

do Estado da economia. Neste tipo de integração, ocorre a prevalência das regras de livre mercado, sendo mais importante a integração econômica do que a social. Altvater é enfático ao afirmar ser impossível uma verdadeira integração sem integração positiva. Destaca, ainda, que a disparidade entre as economias e as condições de desenvolvimento das nações envolvidas no processo integratório não pode ser muito grande, sob pena de comprometer o sucesso da integração[135].

Outrossim, a integração em blocos supranacionais parece ser o único caminho de retomada da dignidade nacional perdida, contanto que seja baseada em uma integração que vá além dos aspectos econômicos. É esse o grande paradoxo: somente abrindo mão de parcelas de sua soberania, os Estados nacionais poderão sobreviver com força e autonomia, formando blocos regionais supranacionais para defender seus interesses individuais e coletivos contra os ditames dos países dominantes.

---

135 ALTVATER, Elmar. *Globalização, o euro e o conflito moeda-petróleo*. In SANTOS, Theotonio dos. "Globalização: Dimensões e Alternativas". Hegemonia e Contra-hegemonia. Vol. 2. Editora PUC-Rio, Rio de Janeiro, 2003, p. 47 e 48.

BIBLIOGRAFIA

ALTVATER, Elmar. *Globalização, o euro e o conflito moeda-petróleo*. In SANTOS, Theotonio dos. "Globalização: Dimensões e Alternativas". Hegemonia e Contra-hegemonia. Vol. 2. Editora PUC-Rio, Rio de Janeiro, 2003.
APELDOORN, Bastiaan van. *Transnational Capitalism and the Struggle over European Integration*. Routledge, Londres, 2002.
ARAUJO, Nádia. *Contratos Internacionais: Autonomia da Vontade, MERCOSUL e Convenções Internacionais*. 3ª Ed. revisada e ampliada. Rio de Janeiro, Ed. Renovar, 2004.
BAPTISTA, Luiz Olavo. *A Solução de Divergências no MERCOSUL*. In BASSO, Maristela (organizadora). "MERCOSUL: seus efeitos jurídicos, econômicos e políticos nos Estados-membros". Livraria do Advogado, Porto Alegre, 1995.
BBC NEWS. *Estonia ratifies EU constitution*. 9/5/2006. Disponível em: http://news.bbc.co.uk/2/hi/europe/4753 209.stm (consulta realizada em 27/12/2008).
BBC NEWS. *Finland ratifies EU constitution*. 5/12/2006. Disponível em: http://news.bbc.co.uk/2/hi/europe/ 6210098.stm (consulta realizada em 28/12/2008).
BECK, Ulrich. *World risk society*. Polity Press, Cambridge, 1999.

BENECKE, Dieter W. e LOSCHKY, Alexander (organizadores). *Mercosur: Desafío Político*. Konrad — Adenauer — Stiftung A. C, Buenos Aires, 2001.

BORRELL, Josep. *L'Europe face à la crise*. In "Alternatives Economiques — L'Europe". *Hors-Série* n° 81. Paris, 3° trimestre de 2009.

BÚRCA, Gráinne de. *Sovereignty and the Supremacy Doctrine of the European Court of Justice*. In WALKER, Neil (organizador). "Sovereignty in Transition". Hart Publishing, Portland, 2006.

CICHOWSKI, Rachel A. *Choosing democracy: citizen attitudes and the eastern enlargement of the European Union*. European University Institute: Robert Schuman Centre, San Domenico, 2000.

CONANT, Lisa. *Contested boundaries: citizens, states and supranational belonging in the European Union*. European University Institute: Robert Shuman Centre, San Domenico, 2001.

COSTA, Sérgio. *Dois Atlânticos — teoria social, anti-racismo, cosmopolitismo*. Belo Horizonte: Editora UFMG, 2006.

D'ANGELIS, Wagner Rocha. *MERCOSUL: Da Intergovernabilidade à Supranacionalidade?* 1ª Edição (2000), 3ª tiragem (2006). Juruá Editora, Curitiba.

DEHOVE, Mario. *Un espace démocratique en devenir*. In "Alternatives Economiques — L'Europe". *Hors-Série* n° 81. Paris, 3° trimestre de 2009.

DEUTSCHE WELLE. *Senado tcheco aprova Tratado de Lisboa* 6 de maio de 2009. Disponível em: http://www.dw-world.de/dw/article/0,,4232171,00.html (consulta realizada em 10/7/2009).

DOWBOR, Ladislau. *A crise financeira sem mistérios: convergência dos dramas econômicos, sociais e ambientais*. Carta Maior, 11/02/2009.

DUREK, Carolyn Marie. *Can the European Union influence the functioning of regional governments?* European University Institute: Robert Shuman Centre, San Domenico, 2000.

EFE. *Bélgica ratifica Constituição européia.* 8/2/2006. Disponível em: http://noticias.uol.com.br/ultnot/efe/2006/02/08/ult1808u58782.jhtm (consulta realizada em 27/12/2008).

EUROPEAN COMMISSION. *Deals on climate and economy sealed in Brussels.* 12/12/2008. Disponível em: http://ec.europa.eu/news/economy/081212_1_en.htm (consulta realizada em 18/12/2008).

EUROPEAN UNIVERSITY INSTITUTE. *A Constitution for the European Union?: Proceedings of a conference 12-13 May 1994, organized by the Robert Schuman Centre with the patronage of the European Parliament.* European University Institute: Robert Schuman Centre, San Domenico, 1995.

FONTAINE, PASCAL. *A Citizen's Europe.* Office for Official Publications of the European Communities, Luxemburgo, 1993.

FONTOURA, Jorge. *A Evolução do Sistema de Controvérsias — de Brasília a Olivos. In* "Solução de Controvérsias no MERCOSUL". Câmara dos Deputados, Cordenação de Publicações, Brasília, 2003.

GIORGI, Liana; HOMEYER, Ingmar von; PARSONS, Wayne. *Democracy in the European Union: towards the emergence of a public sphere.* Routledge, Londres, 2006.

GÓMEZ, José María. *Globalização, Estado-Nação e Cidadania.* Contexto Internacional, IRI, PUC, Rio de Janeiro, 1998.

HABERMAS, Jürgen. *Direito e Democracia. Entre Facticidade e Validade.* Editora Tempo Brasileiro, Rio de Janeiro, 1997.

_____. O *Estado-nação europeu frente aos desafios da globalização*. Novos Estudos, n° 43, São Paulo, nov. 1995.

_____. *Por uma política externa comum*, disponível em http://www7.rio.rj.gov.br/cgm/comunicacao/clipping/ver/?3324 (consulta realizada em 30 de junho de 2007). O artigo foi originalmente publicado nos jornais "Frankfurter Allgemeine" e "Libération" na edição de 31 de março de 2003.

HARTLEY, T.C. *The Foundations of European Community Law*. Oxford University Press, New York, 1998.

HELD, David. *Democracy and the Global Order — From the Modern State to Cosmopolitan Governance*. Stanford University Press, Stanford, 1995.

_____. *Models of Democracy*. 3ª Ed. Stanford University Press, Stanford, 2006.

HERZ, Mônica e HOFFMANN, Andrea Ribeiro. Organizações Internacionais: História e práticas. Elsevier Editora, Rio de Janeiro, 2004.

HIRST, Paul & THOMPSON, Grahame. *Globalization in Question*. Polity Press, Cambridge, 1996.

HIX, Simon. *The Political System of the European Union*. Palgrave, Nova York, 2004.

HOOGHE, Liesbet e MARKS, Gary, *Multi-level governance and European integration*, Rowman & Littlefield, Oxford, 2001.

IANNI, Octavio. *Teorias da Globalização*. Civilização Brasileira, Rio de Janeiro, 1995.

IBGE, *Fundações Privadas e Associações sem Fins Lucrativos no Brasil em 2005*. Disponível em: http://www.ibge.gov.br/home/estatistica/economia/fasfil/2005/comenta rio.pdf (consulta realizada em 7/3/2009).

KELSTRUP, Morten e WILLIAMS, Michael C. *International Relations Theory and the Politics of European Integration*

— *Power, security and community.* Routledge, Nova York, 2000.
LAFER, Celso. *Reflexões sobre a Inserção do Brasil no Contexto Internacional.* In "Contexto Internacional", n° 11, janeiro/junho de 1990.
LAMBERT, Jean-Marie. *Curso de Direito Internacional Público: O MERCOSUL em questão.* Editora Kelps, Goiânia, 2002.
LINKLATER, Andrew. *The Transformation of Political Community: Ethical Foundations of the Post-Westphalian Era.* University of South Carolina Press, Columbia, 1998.
MELLO, Celso D. de Albuquerque. *Direito Internacional da Integração.* Renovar, Rio de Janeiro, 1996.
MERCOSUL. Ministerio del Medio Ambiente — Presidencia Pro Tempore Brasileña. *La Tematica Ambiental en el Mercosur: Evolución y Perspectivas.* IX Reunión de Ministros de Medio Ambiente del Mercosur, Rio de Janeiro, 2008.
PEREIRA, Luiz Carlos Bresser. *Las Crises de América Latina: Consenso de Washington o Crisis Fiscal?*, In "Pensamiento Ibero-Americano", n° 19, janeiro/junho de 1991.
RIOS, Sandra e MADURO, Lucia. *A adesão da Venezuela ao MERCOSUL.* In "União Européia e MERCOSUL: dois momentos especiais da integração regional". Cadernos Adenauer VIII (2007), n° 1. Fundação Konrad Adenauer, Rio de Janeiro, 2007.
ROSENAU, James N. *The United Nations in a Turbulent World.* Lynne Rienner Publishers, Boulder, 1992.
SANTIAGO, Theo (organização e introdução). *Do feudalismo ao capitalismo: uma discussão histórica.* 3ª ed. rev. Contexto, São Paulo, 1988.
SCHMIED, Julie. *Cenários da integração regional: os desafios da União de Nações Sul-americanas (UNASUL) — o novo caminho da integração na América do Sul.* In "União

Européia e MERCOSUL: dois momentos especiais da integração regional". Cadernos Adenauer VIII (2007), n° 1. Fundação Konrad Adenauer, Rio de Janeiro, 2007.

SCHIMITTER, Philippe C. e KARL, Terry. *What Democracy Is and Is Not*, "Journal of Democracy 2", n° 3, 1991.

SCHMITTER, Philippe C. *How to democratize the European Union...and why bother?* Rowman & Littlefield, Lanham, 2000.

SKINNER, Quentin. *The Foundations of Modern Political Thought: Volume II: The Age of Reformation.* Cambridge University Press, Cambridge, 1978.

TOSTES, Ana Paula. *Por que não uma Constituição Européia?* Publicado em Abril de 2006 e disponível em: http://www.scielo.br/scielo.php?pid=S0011-52582006000200005&script=sci_ar ttext&tlng=pt (consulta realizada em 20/3/2007).

UNIÃO EUROPÉIA. *As instituições e órgãos da União Européia: quem faz o quê na União Européia? — Qual a contribuição do Tratado de Nice?* Serviço das Publicações Oficiais das Comunidades, Luxemburgo, 2001.

UNIÃO EUROPÉIA. *Como Funciona a União Européia — Guia das Instituições da União Européia.* Serviço das Publicações Oficiais das Comunidades Européias, Bruxelas, 2008.

VIEIRA, Liszt. Os *Argonautas da Cidadania*. Editora Record, Rio de Janeiro, 2001.

WALLACE, William. *The Sharing of Sovereignty: The European Paradox.* Political Studies XLVII, Number 3, Special Issue 1999.

WEILER, J. H. H. *The Constitution of Europe.* 2nd Ed. Cambridge University Press, Cambridge, 2000.

Principais *websites* de referência:

http://www.consilium.europa.eu/
http://europa.eu
www.mercosur.int

Impresso na Rotaplan Gráfica e Editora LTDA
www.rotaplangrafica.com.br
Tel.: 21-2201-1444